Joel ben Izzy

Der Geschichtenerzähler
oder das Geheimnis des Glücks

Das Buch

Joel ben Izzy erzählt die große, wahre Geschichte eines Geschichtenerzählers, der jahrelang durch die Welt reist, um Weisheitsgeschichten und Geschichten vom Glück zu sammeln und zu erzählen. Er lebt das Leben, von dem er immer geträumt hat: mit einer geliebten Frau, tollen Kindern und einem wunderbaren Beruf – und da verliert er plötzlich seine Stimme.

Alles verändert sich: Er kann keine Geschichten mehr erzählen, seiner Familie nicht mehr sagen, dass er sie liebt. Alles scheint seinen Sinn zu verlieren. Erst als er seinen alten Lehrer wieder trifft, beginnt er sich damit auseinanderzusetzen, was dieser Verlust der Stimme wirklich bedeutet. Und plötzlich nimmt das Leben eine unerwartete Wendung...

Eine wunderbare Liebeserklärung an das Leben und die Magie des Geschichtenerzählens.

Der Autor

Joel ben Izzy hat Literaturwissenschaft, Kreatives Schreiben und Story Telling an der Stanford University studiert. Anschließend reiste er viele Jahre durch die Welt und arbeitete als Lehrer und Geschichtenerzähler. Heute lebt er als Geschichtenerzähler und Story Consultant in Berkeley, Kalifornien. www.storypage.com

Joel ben Izzy

Der Geschichtenerzähler
oder das Geheimnis des Glücks

Aus dem Amerikanischen von Maria Rosaria Di Palo

HERDER

FREIBURG · BASEL · WIEN

HERDER spektrum Band 6484

Für Taly

MIX
Papier aus verantwor-
tungsvollen Quellen
FSC® C083411
www.fsc.org

Titel der amerikanischen Originalausgabe:
The Beggar King and the Secret of Happiness
© 2003 by Joel ben Izzy
Published by arrangement with Agonquin Books of Chapel Hill,
a division of Workman Publishing Company, New York

Für die deutschsprachige Ausgabe: © Verlag Herder GmbH,
Freiburg im Breisgau 2005
ISBN der deutschen Erstausgabe: 978-3-451-05597-3
(7. Gesamtauflage)

Umschlagkonzeption: Agentur R·M·E Roland Eschlbeck
Umschlaggestaltung: Verlag Herder
Umschlagmotiv: © Corbis

Satz: Susanne Lomer, Freiburg im Breisgau
Herstellung: CPI – Clausen & Bosse, Leck

Printed in Germany

ISBN 978-3-451-06484-5

Inhalt

In der Welt der Geschichten geht nichts verloren.

Isaac Bashevis Singer

Prolog
Der Bettelkönig

Ich möchte Ihnen eine Geschichte erzählen, die sich vor langer, langer Zeit im alten Jerusalem ereignet hat, als Salomo König war. Er befand sich auf dem Höhepunkt seiner Macht und war in der ganzen Welt für seine Weisheit bekannt, mit welcher er Jerusalem in ein goldenes Zeitalter geführt hatte. Er war der glücklichste Mensch auf Erden und wäre es wohl auch lange geblieben, hätte er nicht eines Nachts diesen seltsamen Traum gehabt.

In jener Nacht herrschte eine drückende Schwüle – im Traum stand die Tür zu seiner Kammer offen, und er spürte plötzlich eine kühle Brise. Kurz darauf trat König David – sein vor langer Zeit verstorbener Vater – ein. Der alte König sprach aus dem Jenseits zu seinem Sohn und erzählte ihm vom himmlischen Jerusalem, das mit dem irdischen in jeder Hinsicht identisch war, bis auf einen Unterschied – im Stadtzentrum stand ein prachtvoller Tempel.

„Und du, mein Sohn, sollst einen solchen Tempel bauen." Er beschrieb den Bau bis ins kleinste Detail, nannte sogar die Größe und Form der einzelnen Steine; Salomo hörte ehrfürchtig zu. „Noch eines musst du beachten, das Wichtigste", fügte König David hinzu, „du darfst für den Bau kein Metall verwenden, denn aus Metall werden Kriegswaffen gefertigt, du aber willst einen Tempel des Friedens bauen."

„Aber Vater", fragte Salomo, „wie soll ich die Steine hauen, ohne Metall zu verwenden?" Auf diese Frage antworte der Vater nicht; er verschwand plötzlich, und der Traum war zu Ende.

Gleich am nächsten Morgen rief Salomo seine Berater zusammen, erzählte ihnen den seltsamen Traum und verkündete, dass er diesen Tempel bauen wollte, genau so, wie sein Vater ihn beschrieben hatte. Als er ihnen sagte, dass die Bausteine ohne Metall bearbeitet werden sollten, waren sie genauso ratlos wie er selbst.

Nur sein treuester Berater, Beniah, hatte einen Vorschlag. „Euer Vater sprach einmal von einem winzigen Wurm namens Schamir. Er ist nicht größer als ein Gerstenkorn, und doch soll er die Fähigkeit besitzen, Steine zu schneiden. Es ist derselbe Wurm, der Moses von Gott überreicht worden war, um die Zehn Gebote auf eine Steinplatte gravieren zu können."

„Und wo finde ich diesen Wurm?", fragte Salomo.

„Er ward schon seit einigen Jahren nicht mehr gesehen, Eure Hoheit." Beniah hielt inne. „Seit er in den Besitz Asmodeus', des Königs der Dämonen, gelangt ist."

Schweigen erfüllte König Salomos Hof, denn alle wussten um die Macht des Dämonenkönigs. Nur Salomo hatte keine Angst. „Nun gut", sagte er, „dann werde ich Asmodeus herbeibitten."

Salomo wandte seinen Blick von den angsterfüllten Gesichtern ab und schaute auf den Ring, den er an der rechten Hand trug. Es war ein einfacher Goldring, den sein Vater ihm vermacht hatte und der über außergewöhnliche Kräfte verfügte, denn er war mit der unsichtbaren Inschrift Gottes versehen. Salomo hatte den Ring bereits benutzt, um Dämonen herbeizurufen, schwächere Dämonen. Aber noch nie hatte es jemand gewagt, ihren König herbeizubitten, der am Ende der Welt lebte, wo die Berge aus Kupfer waren und der Himmel aus Blei.

Im Saale trat man ehrfürchtig zurück, als Salomo an seinem Ring drehte. Plötzlich tauchte ein riesiger Feuerball vor ihm auf, und als die Flammen zurückgingen, stand Asmodeus vor ihm. Alle waren sprachlos, denn der Dämonenkönig war acht Fuß groß und hatte eine bläulich glitzernde Haut. Seine Füße glichen Hühnerfüßen, er hatte Adlerflügel, einen Kopf wie eine Eidechse und die Persönlichkeit eines Esels.

„Schaut an, schaut an, wenn das nicht König Salomo ist!", sagte er mit einer Stimme, die genauso schleimig war wie seine Haut. „Der Große, der Weise und der Mächtige! Und doch scheint er mit der Größe seines Königreiches nicht zufrieden zu sein und streckt jetzt seine Fühler auch in das Reich der Dunkelheit aus. Eure Hoheit, sagt mir, weshalb habt Ihr mich gerufen?"

„Ich brauche den Wurm Schamir, so dass ich Steine für meinen Tempel zurechtschneiden kann."

„Soll das alles sein?", fragte Asmodeus. „Hier ist er!", sagte er und zauberte eine kleine, bleierne Schachtel herbei. „Nun lasst mich wieder frei!"

„Nein", sagte Salomo. „Noch nicht, ich werde dich sieben Jahre lang, für die Dauer des Tempelbaus, in Ketten legen, damit weder du noch irgendein anderer Dämon Unheil stiften kann. Wenn der Tempel erbaut ist, werde ich dir eine Frage stellen, und nur wenn du diese beantworten kannst, werde ich dich befreien."

„Eine Frage vom weisen König Salomo, für mich?", spottete Asmodeus. „Und wie soll die Frage lauten?"

„Ich muss mir erst eine ausdenken."

„Nun gut", antwortete Asmodeus. „Dann werde ich eben warten."

Doch in Asmodeus' Anwesenheit geschahen auf einmal seltsame Dinge im Palast. Eines Tages zum Beispiel kehrte Salomo von der Überwachung des Tempelbaus zurück, als er feststellen musste, dass alle Säulen des Palastes sich in Bäume verwandelt hatten, auf deren Ästen üppig Blätter wucherten und von denen reife, köstliche Früchte herabhingen – Feigen, Orangen und Granatäpfel. An einem anderen Abend sah er, wie es Goldmünzen von der gewölbten Decke des Palastes herabregnete, die sich schließlich in nichts auflösten, als sie den Boden berührten. Manchmal vernahm Salomo sogar eine liebliche Musik, aber wenn er sein Ohr anstrengte, um sie besser zu hören, verstummte sie. Asmodeus war ein wahrer Meister der Täuschung, und diese Kunst faszinierte Salomo unglaublich und machte ihn gleichzeitig wütend, da sie sein Weltverständnis in Frage stellte. Jedes Mal, wenn er sich so in die Irre führen ließ, hatte er das Gefühl, ein bisschen machtloser zu sein. Als der Tempel nach sieben Jahren bis ins kleinste Detail fertiggestellt war, sprach Salomo zu Asmodeus:

„Wie versprochen werde ich dir nun eine Frage stellen, und nur wenn du sie beantworten kannst, bist du frei. All diese Jahre habe ich deine Spielchen beobachtet. Als großer Richter muss ich oft zwischen Realität und Illusion unterscheiden. Nun frage ich dich: Was kannst du mich über die Illusion lehren?"

Daraufhin lachte Asmodeus so wild und wahnsinnig, dass man das Echo in ganz Jerusalem hören konnte. „Illusion!", krächzte er. „Der große, weise König, der nichts Besseres zu tun hat, als Dämonen zu quälen, möchte etwas über Illusion lernen? Aber nein, Eure Hoheit, das wäre undenkbar, absurd, unmöglich." Plötzlich hielt Asmodeus inne, ein breites

Grinsen machte sich auf seinem Eidechsengesicht breit. „Es sei denn, Ihr legt Euren Ring ab, dann bin ich selbstverständlich gerne dazu bereit."

„Meinen Ring?", sagte Salomo. „Meinen Ring abnehmen?"

Salomo blickte auf den Ring und erinnerte sich an die Worte seines Vaters. „So lange du ihn trägst", hatte er gesagt, „wirst du beschützt sein. Solltest du ihn aber abziehen, wenn auch nur für einen Augenblick, so weiß keiner vorauszusagen, was passieren wird."

Und nun stand Asmodeus vor ihm und führte ihn in die Versuchung, es zu tun. „Ja, Salomo. Wenn Ihr lernen möchtet, was ich über Illusion weiß, dann müsst Ihr Euren Ring abnehmen."

„Das kommt nicht in Frage!", antwortete Salomo.

„Fein, dann werde ich auch nichts über die mysteriöse Welt der Illusionen verraten."

„Dann werde ich dich nicht freilassen."

„Das ist ganz in Ordnung. Zeit bedeutet mir nichts, im Gegensatz zu Königen leben Dämonen ewig. Das Warten macht mir nichts aus." Er sank in seine Ketten zurück und brummte vor sich hin.

Salomo aber wollte unbedingt wissen, was Asmodeus zu sagen hatte, und so überlegte er eine Weile und konsultierte schließlich auch seine Berater. Alle waren sich darin einig, dass es eine schlechte Idee sei, den Ring abzunehmen. Einer ging sogar so weit zu sagen, es sei nicht weise.

„Nicht weise!", rief Salomo. „Du wagst es, mir zu sagen, was weise ist? Ich bin der große König Salomo, weltweit für seine Weisheit bekannt!"

„Genau, Eure Hoheit", mischte sich Asmodeus ein. „Warum sollte jemand, der so weise ist wie Ihr, auf sie hören?"

Salomos Berater schwiegen, denn sie fürchteten den König genauso wie Asmodeus. Ihre Einwände wären ohnehin wirkungslos gewesen, denn Salomo hatte sich bereits entschieden. „Ich werde meinen Ring abnehmen", sagte er, „nur kurz, um deine Antwort zu hören."

Salomo hatte Asmodeus von vierundzwanzig Wächtern umzingelt am anderen Ende des Saales unterbringen lassen, während er am gegenüberliegenden Ende stand.

„Nur zu, Salomo", sagte Asmodeus. „Nimm deinen Ring ab!"

Langsam zog Salomo den Ring von seinem Finger ab. Zunächst geschah nichts. Dann wehte eine leichte Brise durch den Palast. Und schon bald wurde sie stärker und entwickelte sich schließlich zu starken Windböen. Salomo musste entsetzt feststellen, dass der Wind von Asmodeus Flügeln erzeugt wurde. Jedes Mal, wenn er seine Flügel zusammenschlug, wurde er doppelt so groß, von acht Fuß auf sechzehn, dann auf zweiunddreißig, bis er schließlich an die Decke stieß, die Ketten aufsprangen und sein Gelächter das Fensterglas zersplitterte.

„Du bist ein Tor, Salomo! Du hättest deinen Ring nie abnehmen dürfen!" Er bückte sich, nahm den Ring aus Salomos Hand und warf ihn durch ein kleines Fenster des Palastes. Der Ring flog über die Stadt Jerusalem, über weit entfernte Hügel, über Berge und Ozeane und landete schließlich am Ende der Welt.

„Und jetzt bist du an der Reihe, Salomo! Verabschiede dich von deinem Königreich!" Auf diese Worte hin packte er den König bei den Schultern und schleuderte ihn durch ein Fenster auf der gegenüberliegenden Seite des Raumes. Salomo flog über seine geliebte Stadt, über die Hügel und etliche Stunden über das Meer, bis er schließlich mitten in einer riesigen Wüste landete.

Da lag er einige Zeit, jedes einzelne Glied seines Körpers schmerzte, und sein Mund war vollkommen ausgetrocknet. Er raffte sich auf und lief zunächst ziellos durch die Gegend, erst in die eine, dann in die andere Richtung, bis er bei Sonnenuntergang an eine Wasserstelle gelangte. Er kniete nieder, um etwas zu trinken, und erblickte etwas, das ihm Angst und Schrecken einjagte – sich selbst.

Seine Krone, ein Geschenk der Meereswelt, bestückt mit den edelsten Juwelen, war verschwunden. Sein wunderbarer Umhang, der ein Geschenk des Windes gewesen war, sah nun vollkommen zerlumpt aus. Und sein Gesicht, das das holdeste in ganz Jerusalem gewesen war, glich nun dem eines ziemlich mitgenommenen alten Mannes.

Und so kam es, dass Salomo, einsam und verlassen, seine Reise antrat. Niemals hätte er vermutet, dass der Weg zurück in sein geliebtes Jerusalem voller Hindernisse und Qualen sein würde. Es war eine Reise, auf der er riesige Entfernungen zurücklegte und die sein ganzes Leben andauerte ...

Ich bin kein König Salomo, und ich bin auch nicht so weise. Die Reise, die ich unternommen habe, ist nicht die eines Königs gewesen, sondern die eines Ehemannes, Vaters und Geschichtenerzählers. Aber wie Salomo in dieser von mir so oft erzählten Geschichte, befand auch ich mich plötzlich in einer Lage, mit der ich nie gerechnet hatte, in einem Leben, das ich nicht mehr verstand.

Meine Reise führte mich in die Welt der Geschichten. Dort lernte ich, welch eine Wirkung sie auf uns ausüben, wenn sie im Laufe unseres Lebens unvermittelt auftauchen, uns etwas lehren, uns den Weg weisen und – wenn wir es zulassen – uns heilen. Auch habe ich gelernt, dass sie uns manchmal in die Irre führen, gerade dann, wenn wir meinen, alles verstanden zu haben, und dass sie ihre Wahrheiten geschickt an Stellen verbergen können, wo sie zu offensichtlich sind, als dass wir sie sehen könnten. Über manche dieser Wahrheiten bin ich zufällig gestolpert; so wurden mir Lektionen erteilt, die auch König Salomo auf seinen Reisen hatte lernen müssen, Lektionen, deren Sinn sich erst durch einen Verlust ergibt.

Während ich nun meine Geschichte erzähle, die auf wahren Begebenheiten beruht, werde ich diese Wahrheiten mit Ihnen teilen. Aber lassen Sie mich zunächst einmal erklären, was ich unter „Wahrheit" verstehe. Ich benutze dieses Wort wie alle Geschichtenerzähler, so, wie mein früherer Lehrer Lenny es eines Tages beschrieben hat. Er hatte mir gerade eine tief beeindruckende Geschichte über einen Golden Retriever und ein blaues 67er Mustang-Cabriolet erzählt, das er wohl einmal besessen hatte, und ich fragte ihn, ob das wahr sei.

„Wahr?", fauchte er. „Was meinst du mit wahr? Möchtest du nun wissen, ob sich das Wort für Wort so ereignet hat, wie ich es erzählt habe? Das macht überhaupt keinen Unterschied. Dann frag mich lieber, ob die Geschichte gut ist, denn eine gute Geschichte ist wahr, ob sie sich nun ereignet hat oder nicht. Und eine schlechte Geschichte ist eine Lüge, auch wenn sie sich wirklich so ereignet hat."

„Es geht also nicht darum", fügte er mit einem Lächeln hinzu, „ob die Geschichte wahr ist, sondern ob sie eine Wahrheit beinhaltet. Und das wiederum ist ein Mysterium, das nur die Zeit auflösen kann. Aber ich warne dich, Joel, sei niemals so ein Vollidiot, zu glauben, dass du die Wahrheit einer Geschichte begriffen hast, nur weil du sie einigermaßen vernünftig erzählen kannst. Diese Welt verfügt über Geschichten, die einem zwanzig Jahre durch den Kopf gehen, bis sie endlich das versteckte Körnchen Wahrheit offenbaren."

Lenny hatte über die Jahre einige solcher Körnchen angesammelt; sie hafteten an ihm wie Sandkörnchen auf Sandpapier und machten wohl auch seine Persönlichkeit aus. Jedes Mal, wenn ich das Wort „Wahrheit" benutze, muss ich an ihn denken.

Meine Geschichte jedenfalls werde ich Ihnen größtenteils so erzählen, wie sie sich ereignet hat, auch wenn ich einige Stellen verändern werde. So sind wir Geschichtenerzähler nun einmal. Einige Dinge mögen Ihnen im Laufe der Lektüre schier unmöglich erscheinen. Ich kann das nachvollziehen, denn so erging es mir auch, als sie sich ereigneten. Jedoch sind das Dinge, die ich nie hätte erfinden können, und deswegen lasse ich sie so, wie sie sind. Mark Twain sagte: „Die Wahrheit ist seltsamer als die Fiktion … Fiktion hat nur begrenzte Möglichkeiten, die Wahrheit nicht."

Lehnen Sie sich also zurück und lassen Sie mich Ihnen meine Geschichte erzählen, eine Geschichte über eine Reise, die manchmal sehr schwierig war, mich aber mit etwas belohnte, das mir viel bedeutet: *diese Geschichte*, die ich nun an Sie weitergebe – eine Geschichte über verlorene Pferde und gefundene Weisheit, verborgene Schätze und wilde Erdbeeren, über den Bettelkönig und das Geheimnis des Glücks.

Kapitel 1

Das verlorene Pferd

*V*or langer, langer Zeit lebte in einem Dorf im Norden Chinas ein Mann, der ein wunderschönes Pferd besaß. So schön war dieses Pferd, dass die Leute von weit her kamen, um es zu bewundern. Und sie alle waren sich darin einig, dass der Mann gesegnet war, weil er ein so schönes Pferd besaß.

„Mag sein", erwiderte er. „Aber was wie ein Segen aussieht, könnte auch ein Fluch sein."

Eines Tages riss das Pferd aus und war verschwunden. Die Leute kamen herbei, um in Anbetracht des Unglücks ihr Bedauern auszudrücken.

„Mag sein", antwortete er. „Aber was wie ein Fluch aussieht, könnte auch ein Segen sein."

Einige Wochen später kam das Pferd zurück, und zwar nicht alleine, sondern mit einer ganzen Herde Wildpferde. Dem Gesetz nach gehörten diese nun alle dem Mann und machten ihn reich.

Die Nachbarn kamen herbei, um ihm zu diesem Glück zu gratulieren. „Nun bist du in der Tat gesegnet worden."

„Mag sein. Aber was wie ein Segen aussieht, könnte auch ein Fluch sein."

Nur einige Zeit später versuchte sein Sohn, der einzige Sohn, eines dieser Wildpferde zu reiten. Er wurde abgeworfen und brach sich das Bein. Die Nachbarn kamen herbei und drückten ihr Bedauern aus. Es konnte sich nur um einen Fluch handeln.

„Mag sein", sagte der Mann. „Aber was wie ein Fluch aussieht, könnte auch ein Segen sein."

Eine Woche später kam der König durch das Dorf und zog alle tauglichen jungen Männer ein, um in den Krieg gegen die Leute aus dem Norden zu ziehen. Es war ein fürchterlicher Krieg. Alle jungen Männer aus dem Dorf kamen dabei ums Leben. Einzig der Sohn des Mannes überlebte, weil er ein gebrochenes Bein hatte.

Seitdem sagen die Menschen in diesem Dorf: „Was wie ein Segen aussieht, könnte ein Fluch sein. Was wie ein Fluch aussieht, könnte ein Segen sein."

Wie ich zum Geschichtenerzähler wurde, ist eine Geschichte für sich – eine Geschichte über Flüche, die sich in Segen verwandelt haben. Ich bin nicht mit diesem Talent auf die Welt gekommen, aber ich bin einigen begegnet, bei denen es so war. In der südlichsten Spitze Irlands hörte ich einst einen echten Barden uralte Balladen so inbrünstig singen, dass man die Geister seiner Vorfahren im Chor schallen hörte. Im jüdischen Viertel Jerusalems lernte ich einen chassidischen *maggid* kennen, der seine Wurzeln bis auf den Rabbi Nachman von Bratzlav zurückverfolgen konnte, den berühmten Erzähler mystischer Geschichten im 18. Jahrhundert. Und einmal teilte ich mir an der Nordküste von Oahu auf Hawaii die Bühne mit einer Frau, die sozusagen als Schatzmeisterin auserkoren worden war für die Geschichten ihrer Vorfahren, Geschichten, die bis zu fünftausend Jahre alt waren.

Ich konnte nichts dergleichen vorweisen, deshalb fühlte ich mich anderen Geschichtenerzählern gegenüber immer unterlegen. Aufgewachsen bin ich auf einem Fleckchen Erde, das kaum unattraktiver hätte sein können, in den Vororten der Vororte östlich von Los Angeles. Dort, wo meine Familie lebte, gab es keine Filmstars, keine Strände – also auch kein Baden und Schwimmen. Im Grunde genommen gab es überhaupt keine Geographie; wohl hatte man uns von purpurfarbenen Bergen im Norden erzählt, aber die konnten wir vor lauter Smog nicht einmal erahnen.

Das Ganze nannte sich San Gabriel Valley – nicht zu verwechseln mit dem äußerst berühmten „Valley". Unseres war das andere „Valley", flach und eckig, mit endlos geraden Straßen, die – in welche Richtung auch immer – grundsätzlich auf eine Autobahn führten. Durch diese gelangte man auf andere Autobahnen, die wiederum in andere Autobahnen mündeten. So stellte sich mir die Welt dar.

Ich kann auch nicht behaupten, dass das Geschichtenerzählen eine alte Familientradition gewesen wäre. Es dauert nun

17

einmal seine Zeit, Geschichten zu erzählen, und meine Eltern waren damit beschäftigt, unsere Familie vor dem Abgrund zu bewahren, indem sie beharrlich gegen die Armut und den sich immer weiter verschlechternden Gesundheitszustand meines Vaters ankämpften. Wir gehörten zur absteigenden Mittelklasse und mein Vater hatte bestimmt ein Dutzend Berufe ausgeübt, um uns vor einem weiteren Abstieg zu bewahren – ohne Erfolg. Er hatte sich für unsere Familie viel vorgenommen und jedes Mal, wenn seine Pläne wieder einmal scheiterten, überspielte er die Niederlage mit einem Witz oder Spruch. Diese hätten sich mit Sicherheit zu Geschichten ausbauen lassen, wenn man es erlaubt hätte, aber meistens funkte das Telefon dazwischen. Er hastete dann hin, um den Anruf seines Lebens bloß nicht zu verpassen, den Anruf, der uns reich machen würde, den Anruf, der uns von der Sozialhilfe wegbringen würde, den Anruf, der nie kam.

Was meine Mutter angeht, so erzählte sie uns nicht wirklich Geschichten, sie erwähnte sie vielmehr, während sie uns durch die Stadt fuhr. „Die Geschichten von Chelm müsst ihr doch schon einmal gehört haben? Ihr wisst schon, das jüdische Narrendorf?"

„Nein, haben wir nicht", antworteten meine Brüder und ich. „Erzähl sie uns!"

„Chelm", sie sprach diesen Kehllaut dann verträumt aus. „Das kann nicht sein, dass ihr nie davon gehört habt. Es befindet sich in Polen, wo es immer schneit. Ach, das waren immer die schönsten Geschichten."

„Erzähl uns doch jetzt eine."

„Ich sage euch, wir waren ganz verrückt nach diesen Geschichten. Eine handelte von den Einwohnern des Dorfes und wie sie ihren Tempel bauten und dazu Stämme vom Berggipfel herunterschleiften – aber ich bin keine Geschichtenerzählerin", fügte sie dann entschuldigend hinzu. „Euer Großvater Izzy, der war einer. Wir konnten ihm stundenlang zuhören."

Dann schweifte sie ab in eine andere Welt und hinterließ in meinem Kopf das Bild meines Großvaters, des großen Geschichtenerzählers in der weit entfernten Stadt Cleveland. Als ich Jahre später selbst Geschichten erzählte, nahm ich seinen Namen an – Joel ben Izzy, was aus dem Hebräischen kommt und „Joel, Sohn des Izzy" bedeutet. Das wusste ich zu jenem Zeitpunkt aber noch nicht. Ich wusste aber wohl, dass die Magie in unserem Leben fehlte und wir stattdessen jede Menge Smog hatten. Wir kurbelten die Fensterscheiben hoch, um ihn nicht einzuatmen, und verwandelten den Kombi somit in ein Vakuum, voller unerzählter Geschichten, das sich durch die sich endlos dahinziehenden Vorstädte trug.

Die fehlende Magie veranlasste mich dazu, nach ihr zu suchen, und ich erinnere mich noch an den Tag, als ich sie endlich fand. Ich muss ungefähr fünf Jahre alt gewesen sein. Meine beiden älteren Brüder waren in der Schule, und ich war mit meiner Mutter im Supermarkt. Ich sah, dass es ihr schlecht ging. Ich wusste das zum damaligen Zeitpunkt nicht, aber sie hatte kurz zuvor erfahren, dass mein Vater sich wieder operieren lassen musste, diesmal war es der graue Star. Ich suchte nach etwas, womit ich sie zum Lachen bringen konnte, und fand es in der Gemüseabteilung.

„Mami", rief ich. „Schau mal hierher! Die Aubergine – sieht aus wie Nixon!"

Die Ähnlichkeit war in der Tat verblüffend – vor allem wenn man den oberen Teil der Aubergine betrachtete, der sich wie eine Nase kräuselte – aber noch lange nicht so verblüffend wie das Gesicht meiner Mutter, das nun strahlte. Wie schön es doch war, sie zum Lachen zu bringen, sie – wenn auch nur für den Bruchteil einer Sekunde – aus ihrem Elend zu ziehen. Nur ein paar Worte, und die Dunkelheit war gewichen. Also fing ich an, Witze zu sammeln und sie ihr, wann immer ich die Möglichkeit dazu hatte, zu erzählen. Das funktionierte auch mit meinem Vater, und wenn es mir gelang, ihn zum Lachen zu bringen, reagierte er mit dem vollen, herzlichen Lachen eines gesunden Mannes. Dann stimmte ich in das Lachen mit ein; in diesen Augenblicken fühlte ich mich ihm ganz nah. Ich wurde für meine Eltern zum Entertainer, führte Puppenspiele und Komödien vor. Musste mein Vater ins Krankenhaus, erzählte ich ihm dort Witze und Geschichten, und nachts, zur Bettzeit, erzählte ich sie dann meiner Mutter. Sie kam in mein Zimmer und setzte sich, von ihrem Leben erschöpft, auf mein Bett. „Joel", sagte sie, „erzähl mir eine Geschichte."

Ich hatte nicht die geringste Ahnung, dass ich damit den Job meines Lebens gefunden hatte. Aber ich spürte, dass es mir gefiel, meiner Mutter Geschichten zu erzählen. Ich erzählte von einer Welt, die von der unseren weit entfernt war, einem Land, in dem der Himmel nicht vom Smog verdeckt wurde, wo arme Leute reich und Kranke gesund wurden. Mit jeder Geschichte wurde diese Welt wirklicher und wirklicher für mich, sie spiegelte sich in den Augen meiner Mutter wider. Und ich wusste, dass es diese Welt war, in die ich eines Tages fliehen würde.

Die jüdische Kultur ist mit Flüchen reich ausgestattet: „Du sollst wachsen wie eine Zwiebel, mit dem Kopf in der Erde und dem Hintern in der Luft." – „Sollst leben wie ein Kerzenleuchter – tagsüber sollst du hängen und nachts brennen." – „Mögen alle deine Zähne verrotten und herausfallen bis auf einen, und in diesem sollst du höllische Zahnschmerzen verspüren." Aber von all den Flüchen, die ich gehört habe, ist dieser wohl am seltsamsten: „Du sollst deinen Traum verwirklichen." In der Tat hört sich das überhaupt nicht wie ein Fluch an, sondern wie der Titel eines Selbsthilfebuches, das sich in Berkeley, wo ich wohne, gut verkaufen würde. Aber im Laufe der langen, schwierigen Jahre, in denen ich daran arbeitete, durch die Liebe zu den Geschichten meinen Lebensunterhalt zu verdienen, verstand ich den Fluch. „Reisender Geschichtenerzähler" ist nicht gerade ein bodenständiger Beruf, und ich bin in der Tat oft kurz davor gestanden, alles aufzugeben. Zum Beispiel, wenn ich im regnerischen Manchester ohne Geld und Arbeit festsaß, oder in Tel Aviv, krank und arbeitsunfähig, oder pleite und vollkommen überarbeitet in der U-Bahn in Tokio. Wie oft hatte ich mich gefragt, was zum Teufel ich eigentlich machte. In diesen Augenblicken schaltete sich dann diese innere Stimme ein: „Meine Güte, Joel, warum kannst du dir nicht einen richtigen Job suchen, irgendwas, womit man Geld verdienen kann? Wie wäre es mit einem Jurastudium?" Und das war nicht etwa die Stimme meiner Eltern; ganz im Gegenteil, sie liebten meine Geschichten und fanden es toll, dass ich alles daran setzte, meine Träume zu verwirklichen. Nein, es war die Stimme der Vernunft.

Manchmal hatte ich das Gefühl, dass ich tiefer nicht sinken konnte, aber genau dann rutschte ich doch noch ein Stück weiter ab. Und wenn ich mich am Rande der Verzweiflung befand, tat sich in letzter Sekunde etwas auf – meistens handelte es sich dabei um den nächsten Auftritt. Und wenn ich dort ankam, hatte ich eine Geschichte zu erzählen. Darin lag die Schönheit meines Berufes: Was mich nicht tötete, lieferte mir Stoff für Geschichten, und so lange ich erzählen konnte, war alles in Ordnung.

Nachdem ich das erkannt hatte, lief schließlich auch das Geschäft gut, und ich konnte einen weiteren Traum verwirklichen, einen Traum, der mir so am Herzen lag, dass ich kaum darüber nachgedacht hatte. Ich würde eine wundervolle Frau heiraten und eine Familie gründen. Und unsere Kinder würden ganz anders aufwachsen als ich, mit gesunden Eltern und einem stabilen finanziellen Hintergrund, weit weg von den Vororten, die ich kennen gelernt hatte. Sie würden in einem Haus voller Magie, Fröhlichkeit – und Geschichten – aufwachsen. Die wundervolle Frau tauchte eines Tages auf einer Party auf, wo ich Geschichten erzählte. Ich verliebte mich auf den ersten Blick in sie. Und ich spürte, dass auch sie mich mochte. Aber sie hatte ihre eigenen Träume, und in keinem davon war je ein gemeinsames Leben mit einem reisenden Geschichtenerzähler vorgekommen. Und das ging auch ganz deutlich aus unserem ersten Gespräch hervor.

„Und was machen Sie hauptberuflich?"

Sie hieß Taly, und sie herumzukriegen hat drei Jahre gedauert und mich voll und ganz in Anspruch genommen. Das Problem war nicht nur meine etwas seltsame Berufswahl, nein, so geschickt ich auch vor einem Publikum sein mochte, so dämlich stellte ich mich an, wenn es um zwischenmenschliche Beziehungen ging. Joan Baez hat das einmal treffend auf den Punkt gebracht: „Am besten kann ich mit einer Menschenmenge von zehntausenden von Menschen umgehen, am schwierigsten ist es, wenn man einer einzelnen Person gegenübersteht." Wie so viele Männer wusste ich nicht, wie ich meine Gefühle ausdrücken sollte. In den drei darauf folgenden Jahren lernte ich, eine Beziehung aufzubauen, und zwar nicht zu einem Zuschauer, sondern zu einer Freundin und Lebensgefährtin, und so verwandelten wir unsere gegenseitige Anziehungskraft in eine Ehe.

Es war zunächst nicht einfach. Jeder Verheiratete weiß, wie fordernd das sein kann. Wir nahmen die Anstrengungen und Mühen auf uns, und unsere Liebe wurde dadurch stärker. Wir zogen in ein hundertjähriges Rotholzhaus, ganz versteckt inmitten der Hügel irgendwo hinter dem Campus der Universität in Berkeley. Und so saßen wir an einem wunderschönen Frühlingsnachmittag auf unserer hinteren Veranda und schauten unserem Sohn und unserer Tochter dabei zu, wie sie durch die Blätter stapften, die unablässig vom Eichbaum im Hof herabfielen. Die ersten Freesien des Jahres hatten gerade zu blühen begonnen, und der Duft ihrer gelben Blüten durchdrang die Luft. Ich schaute mich um, atmete tief ein, und plötzlich wurde mir bewusst, dass ich es geschafft hatte. Und genau zu diesem Zeitpunkt flüsterte ich folgende Worte vor mich hin.

„Jetzt bin ich vollkommen glücklich."

Ich glaube nicht, dass Taly mich gehört hat, sonst hätte sie daraufhin bestimmt dreimal zu Boden gespuckt, um dadurch den bösen Blick fern zu halten, wie man es in der jüdischen Kultur tut. Aber in jenem Augenblick konnte mich weder der böse Blick noch sonst irgendetwas beunruhigen. Nichts konnte mich aufhalten – dachte ich zumindest. Wenn ich meinen grauen Filzhut aufzog, dann verwandelte ich in meinen Geschichten jeden Fluch in einen Segen.

Wissen Sie, ich dachte tatsächlich, das Geheimnis des Glücks gelüftet zu haben. Und ich hatte mir vorgenommen, noch lange, lange Zeit glücklich zu sein.

„Wir schmieden Pläne, und Gott lacht", sagte mein Vater immer. Dieser jüdische Spruch war einer seiner liebsten, und er hat ihn bestimmt tausendmal gebraucht. Offensichtlich habe ich ihn trotzdem nie richtig begriffen, sonst wäre ich wohl nicht so vorlaut gewesen.

Denn schon am Morgen nach meinem Hoch schien es Gott zum Lachen zu Mute gewesen zu sein. Es war bezeichnenderweise auch noch Purim, das jüdische Fest, an dem man der Schicksalsschläge gedenkt. Die Geschichte dieses Festes besagt, dass einst ein böser Mann geplant hat, alle Juden zu vernichten, aber nicht bedacht hatte, dass die Königin selbst Jüdin war. Er endet an einem der Galgen, die er für andere errichtet hatte, während die anderen feiern. In dieser Hinsicht also ein klassisches jüdisches Fest mit dem Motto: „Sie haben versucht, uns zu töten. Es ist ihnen nicht gelungen. Lasst uns essen!" An jenem Morgen hatte ich einen seltsamen Traum, in welchem ich im Haus die Treppe heruntergegangen war, das Klavier hoch über meinen Kopf gehoben hatte und es schließlich auf meinen rechten großen Zeh fallen ließ. Als ich aufwachte, hatte ich seltsamerweise wirklich einen geschwollenen Zeh, der mir höllisch wehtat.

„Du solltest lieber den Arzt anrufen", sagte Taly, als sie den Zeh sah.

„Hör schon auf. Das ist doch nichts Schlimmes."

„Joel, da stimmt irgendetwas nicht. Schau dir deinen Zeh doch mal an! Meine Güte, er sieht aus, als würde er jeden Augenblick explodieren! Ruf den Arzt an."

„Es ist nichts."

Ich hatte Ärzte immer vermieden, nachdem ich mehr als genug gesehen hatte, die meinen Vater in den Tod begleitet hatten. Taly lebt im Gegensatz dazu nach dem Motto „Krebs bis zum Beweis des Gegenteils". Dementsprechend geht sie oft zu Ärzten und kommt fast immer mit guten Nachrichten zurück.

„Joel, würdest du bitte den Arzt anrufen?", sagte sie nochmals nach dem Frühstück, als ich die Haferflocken gegessen hatte.

„Schau mal, da ist doch gar nichts. Es wird wieder weggehen."

„Du kannst doch kaum gehen! Wie willst du so auftreten?", fragte sie später, als ich schon halb aus der Tür war, am einen Arm hing die Geschichtenerzählertasche und am anderen eine Ladung Purim-Kostüme, und ich war zum ersten der drei Auftritte schon zu spät.

„Kein Problem. Ich erzähle ihnen die Geschichte von Hillel." Hillel war ein berühmter jüdischer Gelehrter, dem einst die Aufgabe gestellt worden war, die gesamte Thora auf einem Fuß zu lehren. „Behandle die anderen, wie du dir wünschst, dass sie dich behandeln", sagte er. „Der Rest ergibt sich von selbst."

Sie ließ sich nicht überzeugen. Seufzend legte ich meinen Hut und die Kostüme ab, stand auf beiden Füßen und verlagerte dann das Gleichgewicht von einem zum anderen, um ihr zu beweisen, dass alles in Ordnung war.

Bevor sie sich dazu äußern konnte, funkte unsere zweijährige Tochter Michaela dazwischen. Sie rannte auf mich zu, um mir einen Abschiedskuss zu geben, und trat auf meine rechte

Zehe. Ich schrie vor Schmerz auf und fiel zu Boden. Taly half mir auf und streckte mir den Telefonhörer entgegen.

Die Krankenschwester hörte sich meine Geschichte and und zögerte keine Sekunde.

„Gicht", sagte sie.

„Gicht?"

„Gicht", wiederholte sie. „Man nennt sie auch *Krankheit der Reichen.*"

„Ich weiß. Mein Vater hatte Gicht."

Von all seinen Krankheiten hatte ich die Gicht immer am gemeinsten gefunden, gerade weil man sie im Volksmund so nannte. Gicht war eine Krankheit aus einer anderen Epoche, die reiche Kolonialherren befiel, und das zu einer Zeit, als es nichts weiter zu tun gab, als aus Empörung gegen König George mit dem Fuß aufzustampfen. Und nun erfuhr ich von der Krankenschwester, dass es ein Medikament gab, das die Schmerzen in wenigen Stunden beseitigen würde. Sie ließ vom Arzt ein Rezept ausschreiben, faxte es der Apotheke zu und machte einen Termin zur Nachuntersuchung aus. Ich nahm die Tablette ein, und tatsächlich verschwand die Gicht so schnell, wie sie gekommen war. Ich hatte nie wieder Probleme damit.

Und so dachte ich bis zum Juni nicht mehr über die Gicht nach, als ich mich zur Nachuntersuchung in der Arztpraxis einfand. Ich setzte mich auf den Untersuchungstisch und lächelte den Arzt an, der zurücklächelte. Er war ein sanft sprechender Araber mit einer Hornbrille. Den Diplomen an der Wand konnte ich entnehmen, dass er Ishmael hieß. Trotz meiner Abneigung gegen Ärzte mochte ich ihn. Ich hatte auf Marktplätzen in Jerusalem Stunden damit verbracht, mit arabischen Markthändlern Pfefferminztee zu trinken und über Philosophie zu diskutieren, und seine Praxis erinnerte mich an all das, mal abgesehen davon, dass es darin statt Ramsch Prospekte mit Themen wie „Ihre Prostata und Sie" gab. Da wir beide nicht so recht wussten, weshalb ich überhaupt da war, machte er sich an den Computer und gab meine Patienten-nummer ein.

„Gicht?", sagte er. „Sie haben Gicht?"

„Ich *hatte* Gicht. Einmal. Im März. Nur einen Tag lang." Als er seine Arztfragen stellte, rutschte ich unruhig auf dem Tisch umher. So war es mir auch immer auf dem Marktplatz gegangen, wenn man unweigerlich auf den „Ramsch" zu sprechen kam.

„Nun da Sie einmal da sind, werde ich sie gleich einmal untersuchen." Er tastete meinen Nacken ab.

„Ich glaube nicht, dass das mein Fuß ist", sagte ich, „aber Sie sind ja schließlich der Arzt."

Seine Hände waren warm.

„An Ihren Füßen gibt es nichts auszusetzen. Die Gicht ist weg. Und ich bin Endokrinologe. Die Nackengegend ist mein Spezialgebiet."

„Gut, dass Sie kein Proktologe sind!" Der Gedanke, mich untersuchen zu lassen, machte mich nervös, und so machte ich Witze. „Sagen Sie mal, darf ich Sie Ishmael nennen?"

„Nennen Sie mich, wie Sie möchten." An einer Stelle ver-weilte er schließlich länger und untersuchte etwas gründlicher, dabei schaute er weg und konzentrierte sich auf das Abtasten. „Wussten Sie, dass Sie einen kleinen Knoten im Hals haben?"

„Ich habe viele kleine Knoten im Hals. So ist ein Hals eben nun mal."

„Aber Sie haben einen Knoten, der nicht da sein sollte."

„Ich sollte eigentlich gar nicht hier sein, die Gicht ist weg, Herr Doktor …"

Es verschlug mir die Sprache, als er eine Schublade mit me-dizinischen Instrumenten öffnete, die aussahen, als wären sie für einen Horrorfilm bestimmt. „In Anbetracht Ihres Alters und Ihres allgemeinen Gesundheitszustandes stehen die Chancen eins zu tausend, dass es sich um etwas Beunruhigendes han-delt", sagte er. „Und trotzdem möchte ich eine Probe machen.

Nur um sicher zu gehen." Er hielt eine riesige Spritze in der Hand.

„Und so gehen Sie sicher?"

Auf manche Worte ist man im Leben nicht gefasst, Worte wie: „Sie haben Krebs."

Ich hatte nur zu oft in meiner Kindheit davon gehört, weil Freunde der Familie und Angehörige davon betroffen gewesen waren. Die Erwachsenen sprachen immer nur ganz leise darüber, und je leiser sie sprachen, desto angestrengter hörte ich zu. Es fiel mir auf, dass Tumore bei Frauen mit Früchten verglichen wurden und bei Männern mit Gegenständen aus der Sportwelt.

„Hast du das mit unserer Cousine Sadie schon mitbekommen? Er war so groß wie eine Orange!"

„Nein!"

„Und kennst du diesen netten Mann, der den Schuhladen besitzt, Herrn Friedman? Im Magen. So groß wie ein Baseball."

„Oh! Wie bei meiner Tante Sophie – wie eine Papaya."

Aber Krebs war eine Krankheit für andere Leute, ältere Leute – kranke Leute, mein Güte. Ich aber war siebenunddreißig und kerngesund, also dachte ich an jenem heißen Julinachmittag, am fünften Geburtstag meines Sohnes, nicht im Entferntesten daran, dass es mich treffen könnte. Ich hatte gerade fünf Geburtstagskerzen auf die Torte gesteckt und wollte nun eine sechste anbringen, die Glück bringen sollte, als das Telefon klingelte.

„Ich gehe schon!", sagte ich und schleckte mir die hart werdende Schokolade von den Fingern.

„Lass doch, wozu haben wir einen Anrufbeantworter?", rief Taly aus dem anderen Zimmer.

„Aber das ist wahrscheinlich meine Mutter", sagte ich und nahm den Hörer ab. „Elijah, denk dran, Großmutter Gladys hört schlecht, sprich also laut und deutlich, ja?"

„Joel?" Es war Ishmael. „Ich habe Neuigkeiten. Ich befürchte, dass Sie einer von tausend sind."

Er sprach einige Minuten, aber ich schnappte nur vereinzelt Wörter auf.

„ … Schilddrüsenkrebs …"

„ … teilweise oder vollständige Entfernung der Schilddrüse …"

„ … fünf Jahre … krankheitsfreie Überlebensrate …"

Taly hatte die Kerzen angezündet und versuchte mich dazu zu bewegen, den Hörer aufzulegen. Dann sah sie meinen Gesichtsausdruck.

„Was ist los?"

Ich starrte sie mit leerem Blick an und versuchte krampfhaft ein anderes Wort für „Krebs" zu finden, schließlich gab ich es auf und verdrängte die Frage.

„Nichts Schlimmes. Es ist alles in Ordnung. Komm schon, bevor die Kerzen ganz herunterbrennen!"

In jener Nacht steckte ich die Kinder ins Bett und erzählte ihnen wie immer eine Gutenachtgeschichte. Dann ging ich runter, Taly wartete schon ungeduldig auf mich.

„Joel, was ist los?"

Ich dachte, mit Humor könnte ich ihr das Ganze am besten beibringen. „Erinnerst du dich an die Stelle in *Harry und Sally*, wo Billy Crystal sagt: *Keine Angst, das ist nur einer dieser Vierundzwanzig-Stunden-Tumore?*"

Sie wurde bleich. „Ein Tumor? Krebs? Du hast Krebs?"

„Nur einen kleinen Krebs. Schilddrüsenkrebs. Aber der Arzt sagte, wenn man schon Krebs haben muss, dann diesen, der ist ganz OK."

Sie schaute mich verblüfft an. „Ganz OK. Wovon sprichst du eigentlich?"

Ich suchte verzweifelt nach einer Erklärung, aber es kam nichts heraus. In ihren Augen sah ich pures Entsetzen, dennoch versuchte sie mich zu trösten.

„Aber es wird schon OK sein", sagte sie nickend. „Nicht wahr?" Ich nickte ebenfalls. „Man kann ihn doch behandeln, oder?" Vor Krebs hatte sie sich schon lange gefürchtet. „Du wirst das schon schaffen. Wir werden das schaffen. Stimmt's?"

„Natürlich", versicherte ich – ich hatte mich wieder unter Kontrolle. „Es ist nur ein kleiner Fleck auf dem Röntgenbild, mehr nicht."

Aus der Vollnarkose aufzuwachen fühlte sich ein bisschen an wie nach einer langen Reise im Jetlag zu sein. Einen Augenblick lang lag ich mit geschlossenen Augen da, ohne zu wissen, wo ich mich befand, ich hatte dieses Kribbeln im Bauch, das man zu Beginn eines Abenteuers spürt. Ich hielt meine Augen fest geschlossen und fragte mich, welche Welt mich wohl erwartete – Budapest? Kathmandu? Shanghai? Als ich sie schließlich öffnete, nahm ich die Geräte um mich herum wahr, sah die Schläuche in meinen Armen und hatte überall Schmerzen.

„Was für ein Abenteuer ...", setzte ich an. Aber ich hielt inne. Irgendetwas stimmte nicht.

Immer wieder versuchte ich etwas zu sagen, irgendetwas. Ich rief nach Taly. Eine Panikwelle überkam mich, und mein Herz schlug wie wild. Und da wurde mir endlich klar, was geschah. Es war ein Traum, ganz klar, nur ein Traum. Vor großen Auftritten hatte ich schon oft solche Träume gehabt, in denen ich plötzlich nicht mehr reden konnte. Ich stand dann vor einem riesigen Publikum und versuchte eine Geschichte zu erzählen, bekam aber kein Wort heraus.

Ich war erleichtert. Es war nur ein Albtraum. Ich versuchte mich zu erinnern, um welchen Auftritt es sich handelte, es gelang mir aber nicht. Also blieb mir nichts anderes übrig, als auf das Ende des Traumes zu warten.

Um mich herum hörte ich die üblichen Krankenhausgeräusche. Tratschende Krankenschwestern, piepsende Geräte, hallende Schritte im Flur. Hin und wieder versuchte ich zu sprechen, aber es kam nur Luft heraus.

Erst als das Sonnenlicht durch das Fenster strömte, wusste ich, dass ich nicht träumte. Ich war hellwach, aber ich konnte nicht mehr sprechen.

Mein Pferd war verschwunden.

Kapitel 2

Die Grille, die zum Mond hüpfte

*V*or langer, langer Zeit, als die Welt noch jung war, lebte eine Grille, die davon träumte, auf den Mond zu hüpfen, um auf die Erde hinabblicken zu können. Jede Nacht sprang sie so hoch sie konnte und streifte gelegentlich die unteren Äste eines Baumes und manchmal sogar die oberen. Aber nie kam sie auch nur in die Nähe des Mondes.

Die anderen Grillen, die in ihrem Tal lebten, lachten sie aus. „Auf den Mond?", kicherten sie. „Lächerlich. Unmöglich."

Aber die Grille ließ sich nicht davon abhalten, sie versuchte weiterhin auf den Mond zu hüpfen. Doch mit der Zeit wurden ihre Knie von den harten Landungen schwach. So konnte sie weder springen noch abends ihr Lied zirpen. Die anderen Grillen machten sich weiterhin über sie lustig. Und doch ließ sie nicht locker und kletterte langsam die Bäume hoch, bis sie eines Tages starb.

Selbst nach ihrem Tod hielten sich die Witze über sie hartnäckig. Sie wurden länger und länger und verwandelten sich schließlich in Geschichten. Sie wurden von einer Generation an die nächste überliefert und später auch in die Lieder mit eingewoben.

Bis auf den heutigen Tag hört man sie über die Abenteuer der Grille singen. „Schau!", sagen Grilleneltern zu ihren Kindern, „da ist sie! Du kannst ihr Gesicht in den Schatten des Mondes sehen, sie blickt zu uns herunter."

Und so kam es, dass ihr Traum sich nach vielen, vielen Jahren doch noch verwirklichte.

MEIN VATER HATTE sein Leben damit verbracht, seinen Träumen nachzujagen. Aus heutiger Sicht würde ich sagen, dass sie Fluch und Segen zugleich waren: ein Segen, weil sie ihm die Kraft gaben, trotz aller Hindernisse weiterzumachen, und ein Fluch, weil sich keiner von ihnen verwirklichen sollte.

Wie oft hatte er gedacht, dass der eine oder andere Traum ihm das Erfolgsrezept zum Reichtum liefern würde, indem er ihn in einen Wie-werde-ich-schnell-reich-Plan oder in ein Elixir verwandelte, das seine Gesundheit wiederherstellen würde, oder in eine tolle Erfindung, die ihm Berühmtheit, Reichtum und vor allem Glück verschaffen würde. Hin und wieder wachte er auf und musste feststellen, dass seine Träume zerronnen waren, wie Sand durch seine gichtigen Finger. Und er reagierte darauf wie auf jeden Schmerz in seinem Leben – mit einem Lachen.

„Was soll man da machen?", sagte er dann. „Die Menschen schmieden Pläne, und Gott lacht." Und so als ob er dem Ganzen noch mehr Bedeutung zumessen wollte, richtete er seinen Blick zum Himmel, drehte seine Handinnenflächen nach oben und zuckte mit den Schultern. Ich folgte seinem Blick und schaute dann wieder auf seine Hände. Mit den aufgeschwollenen Knöcheln, die an Murmeln erinnerten, und den angezogenen Fingern, die aussahen wie die Krallen einer Eule, faszinierten und entsetzten sie mich gleichermaßen.

Sie hatten nicht immer so ausgesehen. Es gab Zeiten, als ich noch nicht auf der Welt war, da waren sie noch geschmeidig und flink gewesen, die eine spielte geschickt am Hals der Violine und die andere hielt leicht den Bogen. So sahen sie zumindest auf dem einen Foto aus, das es von ihm gab und auf dem er groß und aufrecht in einem weißen Jackett und schwarzen Hosen abgebildet war, die Violine unter das Kinn gepresst – es war die Nacht, als er beim Cleveland Symphony Orchestra zu spielen angefangen hatte.

Er war Anfang zwanzig, als die Arthritis sich bemerkbar machte. Ich nehme an, dass es zunächst kaum auffiel, wahscheinlich spielten seine Finger ein winziges bisschen langsamer auf den Saiten. Er wird es an der Musik gehört haben, bevor es an den Händen zu erkennen war. Die Ärzte bezeichneten es als Spondylose Rhizomélique, eine seltene Form der Krankheit, die die Wirbel der Wirbelsäule zu einem Knochen zusammenwachsen ließ. Im Laufe der zweieinhalb Jahrzehnte, die ich ihn kannte, sah ich also mit an, wie sein einst hoch gewachsener Körper sich drehte und krümmte und schließlich einem Fragezeichen ähnelte. Ich hatte meinen Vater nie Violine spielen hören. Als ich auf die Welt kam, war das Instrument selbst das einzige, was von seiner einst viel versprechenden Karriere übrig geblieben war. Während meiner ganzen Kindheit lag sie in ihrer Hülle über dem Kaminsims im Wohnzimmer. Meine beiden älteren Brüder und ich versuchten uns einer nach dem anderen an dem Instrument, aber wir hatten nicht das Zeug dazu. Also wurde es an seinen Platz zurückgestellt und diente als Staubfänger, bis er starb.

Als Kind verstand ich seine Krankheit nicht, oder besser gesagt, ich verstand nicht, warum er kleiner wurde, während ich wuchs. Nach jedem Krankenhausbesuch war er ein bisschen weniger in der Lage zu gehen – zunächst hatte er einen Krückstock, dann einen Stützapparat und schließlich einen Gehwagen. Aber wie bei jedem anderen Rückschlag in seinem Leben reagierte er mit einem Lächeln.

„Weißt du, die Hummel kann nicht fliegen", sagte er, als er aus dem Krankenhaus kam, diesmal mit einem Gehwagen. „Das stimmt. Die Gesetze der Aerodynamik haben bewiesen, dass die Spannweite der Flügel das Gewicht ihres Körpers nicht tragen kann. Das Gute aber ist, dass die Hummel diese Gesetze ignoriert und trotzdem fliegt."

Mein Vater kannte dutzende solcher Redensarten, weise Worte, die er an meine Brüder und mich weitergab. Nach jeder Niederlage machte er einen solchen Spruch und lief dann seinem nächsten Traum hinterher.

Nachdem er die Violine aufgegeben hatte, wurde er zum Erfinder und setzte so die Familienersparnisse auf das eine oder andere Vorhaben. Ende der 6oer Jahre investierte er in etwas, das er für den Verkaufsschlager der Zukunft hielt, Neongegenstände und Leuchtaufkleber. Ähnlich wie die Überbleibsel anderer Erfindungen standen auch diese Dinge nachher nur im Haus herum. Aber es leuchtete nachts. Überall gab es Farbspritzer, sogar an der Decke, und sie sahen aus wie Sterne am Himmel. Das war mein Vater – reich in der Traumwelt, arm bei Tageslicht.

„Du weißt doch was man sagt, oder?", fragte er mich. „Die Menschen schmieden Pläne …"

„ … und Gott lacht", antwortete ich brav und gab ihm einen Backstein. Ich saß auf seinem Bett und er auf einem Klappstuhl in der Badezimmertür, in eine seiner Erfindungen vertieft. Es handelte sich um eine Vorrichtung, die seinen Rücken strecken sollte; er benutzte eine Stange und ein Seil, am einen Ende der Stange hing die Nackenstütze und am anderen Ende ein Suppentopf. Meine Aufgabe war es, ihm die Backsteine hinüberzureichen. Jedes Mal, wenn er einen in den Topf legte, verzerrte sich sein Gesicht vor Schmerzen, aber er zwang sich zu lächeln, so dass er aussah wie jemand, der versucht, sich zu erhängen.

„Aber ich verstehe das nicht", sagte ich. „Du sagst, dass Gott lacht, wenn etwas Schlimmes passiert. Aber warum? Was ist daran so witzig?"

Er hörte kurz auf, den Backstein in der Hand haltend.

„Du möchtest wissen warum?"

Ich nickte.

Er zuckte mit den Schultern, und der Topf voller Ziegelsteine wippte hoch und runter. „Ich weiß es nicht. Du wirst wohl jemanden fragen müssen, der weiser ist als ich. Ich weiß nur eines – in diesem Leben musst du eine Wahl treffen. Du kannst mit Gott lachen oder einsam und verlassen weinen. Wofür entscheidest du dich?"

Ich beschloss, zusammen mit meinem Vater zu lachen.

Die Wochen vergingen, ohne dass meine Stimme zurückkehrte, und ich ertappte mich dabei, wie ich immer häufiger an meinen Vater dachte. Ich erinnerte mich an sein Lachen und verdrängte den Gedanken an seine Finger. Aber es gab ohnehin einen grundlegenden Unterschied zwischen ihm und mir: Sein Verlust war endgültig gewesen, meiner nur vorübergehend.

Zumindest war das die Ansicht des Arztes. „Das ist ihr Stimmnerv", hatte er gesagt, als er meine flüsternde, nach Atem ringende Stimme gehört hatte. „Das ist wahrscheinlich noch der Schock. Aber ich würde mir darüber keine Sorgen machen. Im Normalfall pendelt sich das wieder ein. Gedulden Sie sich ein paar Wochen, vielleicht einen Monat. Maximal zwei."

Auch Taly erklärte den Kindern, als ich aus dem Krankenhaus entlassen wurde, dass es sich um eine vorübergehende Situation handelte.

„Elijah, Michaela, hört zu", sagte sie. Sie ignorierten sie und setzten sich als Willkommensgeste auf meine Beine und bombardierten mich mit Fragen.

„Hat es wehgetan? Haben sie das Ding aus deinem Hals herausgenommen? Können wir es sehen? Warst du tapfer? Erzähl uns die Geschichte!"

„Kinder", sagte sie, „Ich muss euch etwas sagen. Etwas Wichtiges." Schließlich hörten sie auf und schauten zu ihr hoch. „Euer Vater kann nicht sprechen."

Michaela schaute sie fragend an und Elijah fühlte sich betrogen und schüttelte den Kopf. „Natürlich kann er das", sagte er schließlich. „Er redet doch ständig, nicht wahr, Papa?" Er sah mich an und wartete auf eine Bestätigung. Ich nickte, das Gesicht Taly zugewandt.

„Nein", sagte sie. „Leider nicht. Seine *Stimme* ist weg, und das ist das Entscheidende. Im Moment kann er nicht reden. Aber nur für ein bisschen. Nicht wahr, Joel?"

Ich nickte.

„Wie lange, Papa?" fragte Michaela.

„Nicht sehr lange", antwortete Taly. „Aber genau wissen wir es nicht. Jedenfalls muss er bis dahin seine Stimme schonen, deswegen kann er nur flüstern, ganz sachte."

„Wenn deine Stimme wieder zurückkommt, erzählst du uns dann Geschichten?" fragte Elijah.

Ich konnte mir die Antwort nicht verkneifen.

„Viele, viele, viele Geschichten."

Keiner der beiden wusste so recht, was sie mit dem halb stummen Vater anfangen sollten. Michaela fand es zunächst witzig, hielt es für ein Spiel, weil ich eine eigenartige Zeichensprache benutzte, um mit ihr zu kommunizieren. Ich flüsterte nur, wenn es sich wirklich nicht vermeiden ließ, zum einen weil es einen stechenden Schmerz im Hals verursachte, zum anderen weil sie dann immer eine Grimasse schnitt und ihren Kopf schüttelte. „Papa, sprich lauter!"

Für Elijah stellte der Verlust meiner Stimme eine neue Herausforderung dar. Wenn Taly da war, dann sprach sie für mich. Aber da sie nun sehr lange arbeitete, um so teilweise für mein fehlendes Einkommen aufzukommen, wurde Elijah zu meiner Stimme, denn meine wurde leicht von anderen Geräuschen übertönt – ein vorbeifahrendes Auto, Hintergrundmusik, Flugzeuggeräusche –, und so erledigte er mit mir zusammen die Besorgungen. Wenn ich mich äußern wollte, flüsterte ich ihm die Wörter ins Ohr und hob ihn hoch, so dass er sie laut aussprechen konnte: „Mein Papa hätte gerne auf einen Zwanziger Wechselgeld."

Zunächst fanden wir seine neue Rolle beide spannend. Vater und Sohn, dachte ich mir, Hand in Hand durch das Abenteuer schreitend. Er machte das wirklich gut, aber es fiel mir auf, dass ihn die Aufmerksamkeit der Leute störte. Schüchtern hielt er sich von Ladenbesitzern und Kassierern fern, die nicht müde wurden, festzustellen, wie süß er doch war. Einer fragte sogar, ob er ein Bauchredner sei. Elijah steckte das mit stoischer Ruhe weg, aber ich merkte, dass es ihm unangenehm war, nicht nur seinetwegen, sondern auch meinetwegen. Deshalb versuchte ich selbst so laut wie möglich zu reden, wenn es ging, aber mein Geflüster machte alles nur schlimmer. Er wollte nicht, dass die Leute merkten, dass mit mir etwas nicht stimmte.

Sich mit mir zu zeigen, war also ziemlich schwer für ihn, noch schwerer allerdings war es, wenn wir alleine waren. Er war in das Alter der endlosen Fragen gekommen, das Alter, in dem die Welt ein einziges Mysterium darstellt und die Eltern jede Antwort kennen. Schon bevor er auf der Welt war, hatte ich mich auf diese Phase gefreut. Und nun, da es vor Fragen nur so sprudelte, konnte ich nur mit Müh und Not antworten.

„Papa, warum ist denn ein Drache auf der walisischen Fahne? Oder ist das ein Greif? Was ist denn eigentlich der Unterschied? Was ist Mythologie? Du hast mir einmal eine Geschichte über einen Troll erzählt. Wo leben sie? Kannst du französisch sprechen? Wie funktioniert Zeit? Was ist ein Bauchredner? Warum kannst du nicht sprechen?"

Jede Frage beantwortete ich knapp mit ein, zwei Wörtern, die ich kaum herausbrachte, den Rest versuchte ich ihm über die Gestik zu vermitteln. Ich zeichnete auf Servietten. Ich zog Bücher aus den Regalen und zeigte auf Bilder, woraufhin er dankbar nickte, und nur kurz darauf stellte er eine weitere Frage, und das ganze Spiel fing von vorne an.

Einen Monat nach der Operation wirkte Taly sehr beunruhigt. Sie versuchte wohl ihre Besorgnis zu verbergen, vor allem in Anwesenheit der Kinder, aber morgens, wenn wir aufwachten, schlug sie mir entgegen.

„Spürst du irgendetwas? Ein Zucken?" Der Arzt hatte gesagt, dass ich ein Stechen oder Kitzeln spüren würde, wenn der Nerv wieder zurückkäme.

Ich schüttelte den Kopf.

„Und jetzt?", fragte sie dann einige Minuten später.

„Mach' dir keine Sorgen", flüsterte ich. „Es wird ... alles ... wieder gut." Mit meiner schwachen Stimme konnte ich immer nur ein oder zwei Wörter aussprechen, bevor ich wieder Atem holen musste.

„Aber ich mache mir Sorgen ... um dich. Was wird, wenn deine Stimme gar nicht wieder zurückkommt?"

„Mein Vater ... sagte immer ... dass fünf ... undneunzig Prozent ..."

Ich hielt inne, vollkommen außer Atem. Ich wollte einen seiner Sprüche zitieren, in welchem es hieß, dass fünfundneunzig Prozent der Dinge, über die wir uns Sorgen machen, nie passieren, was wiederum beweist, dass das Sich-Sorgen-Machen eine äußerst effiziente Art und Weise ist, mit Problemen umzugehen. Aber es gelang mir nicht.

„Ja", sagte sie. „Ich dachte gerade an deinen Vater."

Weiter sagte sie nichts, aber wir waren auch schon lange genug zusammen; manchmal bedurfte es keiner Worte. Obwohl Taly meinen Vater nie kennen gelernt hatte, wusste sie doch genug über ihn, um sein Leben als Horrorszenario für meines zu betrachten.

Ich dachte oft an meinen Vater und insbesondere an eine seine Geschichten – eigentlich war es vielmehr ein Witz, den er liebte. Es ging um einen Mann, der zum Schneider geht, um sich einen neuen Anzug zu bestellen. Der Schneider nimmt die Maße des Mannes und bittet ihn, in einer Woche wieder zu kommen. Das tut der Mann auch, aber als er den Anzug anprobiert, passt er gar nicht mehr richtig.

„Wie kommt das denn?", sagt er erstaunt. „Der Ärmel ist viel zu lang und der andere zu kurz. Und die Hose ist auf einer Seite zu eng und auf der anderen Seite zu weit!"

„Beruhigen Sie sich", sagt der Schneider. „Der Anzug passt wunderbar. Sehen Sie." Er führt den Mann vor den Spiegel.

„Sie müssen ihre rechte Schulter zurückziehen, so. Dann den Kopf zur Seite drehen. Genau so. Und nun stellen sie sich so hin, mit dem linken Fuß nach vorne … Einwandfrei!"

„Sie haben Recht, jetzt sieht das gut aus", sagt der Mann, während er sich vor dem Spiegel verrenkt. „Ja, gefällt mir." Schließlich hört er mit den Verrenkungen auf und verschwindet, raus auf die Straße, wo er mit seiner seltsamen Gangart zwei Frauen auffällt.

„Mein Gott!" sagt die eine. „Was hat der denn?"

„Keine Ahnung", antwortet die andere. „Jedenfalls sieht der Anzug fantastisch aus!" Er hat diese Geschichte im Laufe der Jahre sehr oft erzählt. Er genoss es, die Rolle des Kunden zu spielen, und ich sah ihm dabei sehr gerne zu, bis ich eines Tages feststellte, dass es zwischen Schauspiel und Realität keinen Unterschied gab. Er war der Mann im Anzug geworden. Und dass nicht nur wegen seines Körpers, sondern aufgrund seines Lebens überhaupt; er verstellte sich ständig, um sich seine Niederlagen nicht eingestehen zu müssen.

Als er sich dem Tode näherte, wurden seine Erfolgsvisionen immer lebendiger. Bei einem meiner letzten Besuche im Altenheim winkte er mich zu sich, dann zeigte er auf einen Kleiderschrank. „Siehst du die drei Jungs dort oben?", flüsterte er. „Das sind türkische Kaffeehändler, und wir haben gerade ein Geschäft abgeschlossen – ein Riesengeschäft. Allerdings kein Kaffeegeschäft, sondern ein Käsegeschäft! Wir sind jetzt reich, mein Junge, aber erzähl keinem davon …"

Ich liebte ihn so, wie er war. Und doch nahm ich mir zwei Dinge vor. Nie würde ich mir einbilden, es geschafft zu haben. Und nie würde ich versagen.

Das Einzige – so hatte ich beschlossen – das mein Glück trübte, war meine verloren gegangene Stimme. An einigen Abenden, wenn Taly und die Kinder schon ins Bett gegangen waren, ging ich in mein Büro – ein wunderschöner, rotholzgetäfelter

Raum, der lange Zeit mein Zufluchtsort gewesen war. Ich hatte ihn mit Puppen und Masken, die ich von meinen Reisen mitgebracht hatte, voll gestellt, und an einer Wand hatte ich eine Weltkarte angebracht und mit Reißnägel und Fäden versehen, so dass ich die Orte, an denen ich gewesen war, und die Geschichten, denen ich an den jeweiligen Orten begegnet war, nachvollziehen konnte. Nachts herrschte Stille in meinem Büro, und so saß ich da und wartete darauf, dass meine Stimme wiederkehrte.

Manchmal stellte ich mir vor, dass es irgendwann einmal einen inneren Ruck geben würde, der meinen Nerv wieder belebte.

Es war an einem dieser Abende, an denen ich mich in einer Art meditativem Zustand befand – fest davon überzeugt, am Höhepunkt meiner Karriere angelangt zu sein –, als das Telefon klingelte. Ich sprang auf und war drauf und dran abzunehmen, tat es dann aber doch nicht und schauderte wieder einmal, als ich die vor Monaten aufgezeichnete Ansage hörte: „Hallo! Joel hier. Im Moment kann ich nicht mit Ihnen sprechen – ich melde mich sobald wie möglich!" Pieps.

Ich wartete gespannt auf die Stimme des Anrufers, wohl wissend, dass es sich wieder einmal um jemanden handeln würde, der mich für diese eine Sache engagieren wollte, die ich nicht mehr zu liefern im Stande war.

„Hallo Joel! Wir sind riesige Fans von dir, hier in San Francisco. Wir haben nächsten Monat eine Bar-Mizwa-Feier; das wird ein Riesenfest. Ein DJ und ein Zauberer werden auftreten, und du wärst die absolute Krönung des Abends. Ich weiß, dass das etwas kurzfristig ist, aber es wird sich lohnen, nenn uns einfach deinen Preis ..."

Die Ansage war zu Ende, und ich saß da, die Worte verhallten im Raum; ich starrte die Karte an. An das Geld, das mir verloren ging, weil ich den einen oder anderen Auftrag absagte, dachte ich lieber erst gar nicht. Und da meine Zukunft ein einziges Fragezeichen war, blickte ich in meine Vergangenheit zurück. Meine Augen folgten dem Faden auf der Karte von Reißnagel zu Reißnagel. Budapest. Hong Kong. Rom. Während ich mir jeden einzelnen Nagel anschaute, wurden die Orte, an denen ich gewesen bin, lebendig, sie füllten sich mit Menschen, Gerüchen, Geschmäcken und Geräuschen, die mich an Geschichten erinnerten, die ich erzählte hatte; Geschichten, die ich geliebt hatte. Das wiederum erinnerte mich an die Anfänge meiner Karriere, die unweit von Berkeley, bei Santa Cruz, begonnen hatte – wo jetzt ein gelber Reißnagel steckte.

Jeder Geschichtenerzähler erinnert sich an den Erzähler, der ihn inspiriert hat; er hinterlässt einen lebenslangen Eindruck. In Geschichtenerzählerkreisen ist diese Person als die „Entenmama" des Geschichtenerzählers bekannt. Lenny war meine Entenmama gewesen.

Ich hatte ihn das erste Mal an einem Abend fast zwanzig Jahre zuvor in einer Kneipe im Zentrum von Santa Cruz gesehen. An der Eingangstür des Lokals hing ein Plakat, und ich war hineingegangen, ohne zu wissen, was mich erwartete. Er stand auf einer Bühne in einer Ecke der Kneipe; es war still. Er fiel nicht sonderlich auf, war leicht untersetzt, trug einen Bart und hatte buschiges Haar. Jeder andere in der Bar hätte genauso gut ein Geschichtenerzähler sein können.

Aber sowie er seinen Mund aufmachte, änderte sich alles. Im Raum herrschte plötzlich eine Totenstille, und ich ließ mich in ein baufälliges Schloss in den schottischen Highlands entführen, dann in ein Schulhaus in Neuengland und schließlich in ein winzig kleines Dörfchen in Osteuropa. Dort begegnete ich Menschen, die er fantasievoll beschrieb und die wirklicher waren, als so manch einer, den ich kannte; ich vernarrte mich in sie. Nach dem Auftritt sehnte ich mich nach Orten, an denen ich nie gewesen war, und nach Leuten, die ich nie kennen gelernt hatte, und mir wurde klar, dass ich den Beruf meines Lebens gefunden hatte.

Am nächsten Tag fand ich heraus, wo er wohnte, und fuhr mit meinem Fahrrad zehn Meilen durch den Rotholzwald, um zu seiner Holzhütte zu gelangen und ihn zu überreden, mein Lehrer zu werden.

„Du?", lachte er, als ob ich einen Witz erzählt hätte. „Aber du bist doch noch ein Kind! Weißt du denn überhaupt, *warum* du Geschichten erzählen möchtest?"

Ich zuckte mit den Schultern und bemerkte etwas, das mir am Vorabend nicht aufgefallen war: Er gestikulierte nur mit einer Hand, wenn er sprach.

Er schüttelte seinen Kopf und lachte abermals. „Du bist wie der Kerl, der zum Rabbi geht, um den Talmud zu studieren. Kennst du die Geschichte?"

Ich kannte sie nicht.

„Ein junger Mann bittet einen Rabbi, ihm die Weisheiten des Talmuds zu lehren. Der Rabbi antwortet ihm, dass er dafür nicht bereit sei. Der Mann aber besteht darauf, und so unterzieht der Rabbi ihn einem Test.

,Zwei Diebe klettern einen Schornstein hinunter, um in ein Haus einzubrechen', erzählt der Rabbi. ,Das Gesicht des einen wird dabei schmutzig, das des anderen nicht. Welcher von beiden wäscht sich das Gesicht?'

,Der mit dem schmutzigen Gesicht natürlich', sagt der Mann.

,Nein', erwidert der Rabbi. ,Der mit dem sauberen Gesicht, denn er blickt den anderen an und geht davon aus, dass auch sein Gesicht schmutzig ist. Der mit dem schmutzigen Gesicht hingegen blickt den anderen an und denkt, dass auch sein Gesicht sauber sein muss.'

,Aha!', sagt der Mann. ,Jetzt verstehe ich.'

,Nein, du glaubst zu verstehen, aber du tust es nicht. Also noch einmal: Zwei Diebe klettern einen Schornstein hinab, um in ein Haus einzubrechen. Welcher von beiden wäscht sich das Gesicht?'

‚Der mit dem sauberen Gesicht, oder?'

‚Wieder falsch', sagt der Rabbi. ‚Wenn sie beide den Schornstein hinabsteigen, dann werden auch beide dabei schmutzig. Siehst du', fährt der Rabbi fort. ‚Du bist noch nicht so weit. Einer wie du verschwendet seine Zeit mit der Suche nach Antworten, wenn er vielmehr nach Fragen suchen sollte.'"

Er schlug mir die Tür vor der Nase zu. Aber am nächsten Tag kam ich wieder, und bevor er die Türe wieder zuschlagen konnte, rief ich: „Warten Sie, ich habe eine Frage."

Er blickte mich mit hochgezogenen Augenbrauen an.

„Seit wann nehmen sich Diebe die Zeit, ihr Gesicht zu waschen?"

„Aha!" Er lächelte. „Nun kommen wir ins Gespräch."

Die nächsten sechs Monate fuhr ich zweimal pro Woche mit dem Fahrrad zu seiner Hütte, saß vor seinem Holzofen und hörte mir seine Geschichten an. Ich hatte das Gefühl, dass er jede Geschichte kannte, die je erzählt worden war – außerdem kannte er all die Witze, die mein Vater erzählt hatte, und als ich ihm einen erzählte, musste ich feststellen, dass er schon drei Versionen davon wusste.

Ich ging zu allen seinen Auftritten und war jedes Mal von der Wirkung seiner Worte im Zuschauerraum begeistert. Er schwamm geradezu in der Bewunderung des Publikums und in der meinen. Er nannte mich seinen Starschüler, obwohl ich der einzige war. Eines Nachmittags, als ich ihm endlich eine Geschichte erzählte, die er noch nicht gehört hatte, lachte er lange und ausgiebig und verschwand daraufhin in sein Schlafzimmer. Kurz darauf kam er zurück, eine große Schachtel in seinen Händen.

„Ich habe auf diesen Augenblick gewartet", sagte er und gab mir die Schachtel.

Es befand sich ein grauer Filzhut darin, der perfekt saß und den ich seitdem zu jedem Auftritt getragen habe.

Aber Lenny hatte auch eine dunkle Seite, eine Verbitterung, die immer häufiger zu Tage trat, wenn wir uns trafen. Meistens wurde sie durch irgendetwas ausgelöst, das ich unbewusst gesagt oder getan hatte. Er nörgelte dann an mir herum und wurde manchmal auch sehr böse. Eines Abends erschien er sehr spät und vollkommen betrunken zu einem meiner Auftritte, der in der Gemeindehalle im Stadtzentrum von Santa Cruz stattfand. Er stand am Ende des Raumes, schüttelte den Kopf und ging früh. Als ich ihn am nächsten Morgen in seiner Hütte besuchte, hatte er einen Kater, und als ich ihn fragte, was er von meinem Auftritt am Abend zuvor gehalten habe, zuckt er mit den Schultern.

„Was ich davon halte? Ich denke, dass ich Recht hatte. Du bist kein Geschichtenerzähler, sondern ein Kind, das nichts Besonderes zu sagen hat." Das hatte ich nicht nötig. Ich wollte gerade aus der Tür gehen, als er sagte: „Du gehst? Gut so. Komm wieder, wenn du eine erzählenswerte Geschichte hast."

Ich ging, ohne mich umzuschauen, und hatte ihn seitdem nicht wieder gesehen.

Als ich mich der Zweimonatsgrenze näherte, konnte ich an nichts anderes denken als an die Rückkehr meiner Stimme. Auf Talys Ratschlag hin konsultierte ich Spezialisten.

Sie benutzten alle möglichen Geräte, um meine Stimmbänder zu untersuchen – vom altmodischen Zungendrücker bis zum Hightech-Stäbchen mit Stroboskoplichtlein. Einer untersuchte sogar meine Nase mit einem Gummischlauch. Wie erwartet stimmten alle mit meinem Chirurgen überein. Es gab diese zweimonatige Spanne, in der ich meine Stimme wiedererlangen würde oder nicht, und es gab nichts weiter zu tun, als zu warten.

Aber es waren sich auch alle darin einig, dass es noch Hoffnung gab; sie sahen noch eine Möglichkeit. Ich erfuhr, dass es tatsächlich eine Person gab, die in der Lage war, mir definitiv zu sagen, ob meine Stimme wiederkehren würde – der Experte unter den Experten. Und sie hatten so viel Respekt vor ihm, dass sie seinen Namen nur flüsterten, aber auch das schien ihnen unangebracht; sie schrieben den Namen lieber auf die Rückseite ihrer eigenen Visitenkarten. Schon der Name barg etwas Geheimnisvolles – es war ein langer, osteuropäischer Name voller unmöglicher Konsonanten und mit sehr wenigen Vokalen, ein unaussprechlicher Name, der einer Partie Scrabble ein jähes Ende setzen würde. Er war derjenige, den ich aufsuchen sollte.

„Der Geschichtenerzähler ist da!"

Ich stand von der Couch im Wartezimmer auf und bewegte mich auf die tiefe, volle Stimme zu. In der einen Hand hatte er eine Kassette, die ich ihm zugeschickt hatte, die andere streckte er mir entgegen. Mit seinen silberfarbenen Haaren und der leicht schief sitzenden Hornbrille sah er aus, wie man sich einen verrückten Wissenschaftler vorstellt. Ich mochte ihn sofort.

„Sehr schöne Geschichten!", sagte er, die Kassette hochhaltend. „Ganz besonders mochte ich die Geschichten von Chelm. Ich hatte sie sehr lange nicht mehr gehört. So, und nun lassen Sie uns sehen, ob wir Ihre Stimme wiederfinden können."

Ich folgte ihm in seine Praxis, die voller Fotos von berühmten Leuten war, deren Stimme er gerettet hatte, es gab so viele Fotos, dass man sich wie in einem Wohnzimmer vorkam. Nachdem er mir einen Stuhl angeboten hatte, las er sich meine Akte aufmerksam durch, dann schaute er sich meinen Hals sehr lange an.

Er blickte wieder auf meine Akte, und dann äußerte er sich.

„Sie möchten wissen, ob Ihre Stimme wiederkehren wird, und wenn ja, wann. Stimmt's?"

Ich nickte.

„Ich entnehme Ihrer Akte, dass sie nun schon seit zwei Monaten weg ist."

„Nur sieben … undfünzig Tage."

„Acht Wochen", sagte er. „Und es hat sich an Ihren Stimmbändern nichts getan. Das ist kein gutes Zeichen." Er hielt inne, schüttelte seinen Kopf und seufzte. „Ich befürchte, dass der Nerv tot ist. Er wird nicht wieder kommen. Tut mir Leid. Sehr Leid."

Ich starrte ihn an und hoffte, noch etwas Positives zu hören. Nach einer langen Pause setzte er wieder an: „Das ist sehr schwer für Sie, ich weiß. Sie sind ein Geschichtenerzähler, vielleicht sollten Sie dies wie eine Geschichte verstehen. Was sagen die Weisen?" Er machte eine Pause, zog seine Augenbrauen hoch. „Die Stimme ist das Tor zur Seele. Davor stehen zwei Wächter – Ihre Stimmbänder. Um einen Ton produzieren zu können, müssen sie sich berühren – wie zwei Rabbiner, die über den Talmud diskutieren. Aber in Ihrem Falle ist ein Rabbiner stumm. Warum? Ich wünschte, ich wüsste es." Er hielt wieder inne. Dann lehnte er sich ganz nah zu mir vor und flüsterte:

„Vielleicht hütet er ein Geheimnis."

Kapitel 3

Optimismus und Pessimismus

Es lebte einmal ein König, der hatte Zwillingssöhne. Obwohl diese ganz genau gleich aussahen, waren ihre Charaktere so unterschiedlich wie Tag und Nacht. Der eine war ein überzeugter Pessimist, der andere ein unverbesserlicher Optimist.

Als sie älter wurden, befand der König, dass es für beide an der Zeit sei, sich mit der jeweils anderen Lebenseinstellung zu beschäftigen. Er hatte sich überlegt, sie mit Geschenken so weit zu bringen.

Für den Pessimisten begab er sich zum königlichen Goldschmied.

„Ich möchte, dass man ihm die edelste Uhr anfertigt, die je gemacht worden ist", sagte er. „Geld spielt keine Rolle. Juwelen, Diamanten, Gold, Platin – alles bitte nur vom Feinsten. Und sie muss zu seinem Geburtstag fertig sein."

Für den Optimisten ging er zum königlichen Gärtner.

„Am Morgen seines Geburtstages soll er am Fuße seines Bettes einen Riesenhaufen Stallmist vorfinden."

Der Geburtstag kam. Voller Vorfreude machte sich der König auf und ging zu dem Pessimisten. Dieser saß mürrisch auf seinem Bett, die wundervolle Uhr in der Hand haltend.

„Wie gefällt dir dein Geschenk?", fragte der König.

„Ganz gut", antwortete der Pessimist. „Allerdings finde ich sie ein bisschen kitschig. Außerdem ist das einer dieser Gegenstände, die einem früher oder später gestohlen werden oder verloren gehen. Sie könnte auch zu Bruch …"

Der König hatte genug gehört und ging zum Optimisten, der vor Freude kaum zu halten war. Als der Vater den Raum betrat, rannte der Sohn auf ihn zu und umarmte ihn.

„Oh, danke, Vater, vielen Dank! Genau das habe ich mir gewünscht!"

Erstaunt fragte der Vater den Sohn, wofür er so dankbar sei.

„Wofür? Aber Vater, für das Pferd natürlich!"

„Wenn sich eine Türe schließt, öffnet sich ein Fenster."

Das sagte meine Mutter immer zu uns Kindern. Mütter sagen oft solche Dinge, aber in ihrem Falle wurde es gar zu einem Mantra, das sie immer und immer wiederholte, weil sich um sie herum eine Tür nach der anderen schloss. Und doch wurde sie jedes Mal optimistischer.

Sie war gemeinsam mit meinem Vater von Cleveland ins sonnige Südkalifornien gezogen, weil sie ein neues Leben beginnen und ihrer Liebe zum Journalismus nachgehen wollte. Sie war eine geborene Interviewerin und hatte die Gabe, immer genau die richtige Frage zu stellen und bei den Antworten zwischen den Zeilen zu lesen. Ihr Talent war ihr als junger Journalistin beim *Cleveland Plain Dealer* zu Gute gekommen, sie hatte dort bewiesen, dass sie den Leuten auf natürliche Art und Weise Geschichten entlocken konnte. Und war sie einmal einer Geschichte auf der Spur, verfolgte sie sie von dem Zeitpunkt, wo sie sie aufgeschnappt hatte, bis zum Morgen, wenn die Zeitung in den Druck ging.

Später vermuteten die Ohrenärzte, dass es der Lärm der Druckmaschinen war, der ihren Hörverlust verursacht hatte. Die ersten Anzeichen gab es bereits, als meine Brüder und ich noch klein waren und ihr Bruchstücke von Gesprächen entgingen; auch wenn sie mit meinem Vater stritt, fiel es auf. Er konnte sich nicht zu ihr hindrehen, wenn er mit ihr sprach, und sie musste sich sehr anstrengen, um ihn zu verstehen.

„Was ist los?", schrie er dann. „Bist du taub?"

Sie war es nicht, noch nicht, sollte es aber werden. Als sie ihr Gehör eines Tages verlor, musste sie sich auch von ihrer Journalistenkarriere verabschieden. Für jeden anderen wäre das eine herbe Enttäuschung gewesen, ihr jedoch gelang es, das Positive darin zu sehen – nie wieder würde sie schlechte Nachrichten hören müssen.

Nach meines Vaters Tod wurde ihr Gehörverlust zu ihrer Visitenkarte. Sie zog in eine Eigentumswohnung in Alhambra, östlich von Los Angeles, und setzte sich für die Rechte der Gehörlosen ein. Sie wurde Mitglied einer Organisation, die sich *Selbsthilfe für Schwerhörige – SHSH! –* nannte, es gelang ihr sogar, den Hörverlust mit Humor zu sehen, indem sie Workshops besuchte mit Titeln wie: „Was sagst du nach *Was hast du gesagt?"* Auch schrieb sie wieder – Artikel für das Mitteilungsblatt der Organisation und Artikel über allgemeine Themen für lokale Zeitungen, manchmal fand sie für die Interviews Leute, die in schriftlicher Form antworteten oder die sich tatsächlich der mühseligen Prozedur unterzogen, ihre Antworten mehrmals zu wiederholen. Ich war oft der Gegenstand ihrer Artikel gewesen: „Junge aus der Region reist um die Welt und erzählt Geschichten" – „Reise mit Geschichten" – „Mein Sohn, der Geschichtenerzähler".

Jedes Mal, wenn ich eine Kassette mit Geschichten aufnahm, schickte ich ihr eine Kopie zu. Sie saß dann vor ihrem Kassettenrekorder, hielt das kleine Mikrofon, das sie an ihrem Hörgerät befestigte, und bemühte sich, etwas zu verstehen. Ich gab ihr auch Abschriften der Geschichten, aber sie wollte sie *hören,* und wenn sie das eine oder andere Wort nach mehreren Versuchen erfasste, war sie voller Stolz. Indem ich ihr die Kassetten schickte, erfüllte ich meinen Teil unseres stillen Übereinkommens, an das wir uns nun schon lange strikt hielten – das „Gute-Neuigkeiten-Übereinkommen". Ich schickte ihr nur Dinge zu, die sie mit Freude und Stolz erfüllten, zum Beispiel Zeitungsartikel über mich und Fotos von Taly und den Kindern. Und sie sandte mir ihre Artikel zu und einen Umschlag voller Zeitungs- und Zeitschriftenausschnitte mit schmalzigen Geschichten, von denen sie glaubte, dass sie mich zum Schmunzeln bringen würden.

Vermutlich habe ich ihr deswegen nichts vom Krebs erzählt. Nicht, dass ich es unbedingt geheim halten wollte, aber es war einfach schwer, ihr schlechte Nachrichten zu übermitteln, und ich wollte sie auch wirklich nicht beunruhigen. Ich hatte mir zunächst vorgenommen, ihr nach der Operation alles persönlich zu erzählen, wenn ich das nächste Mal in Los Angeles auftreten würde. Nach dem Krankenhausaufenthalt aber ging ich ihren Anrufen aus dem Weg; ich wartete darauf, dass meine Stimme wiederkehrte. Ich beantwortete kaum Anrufe. Meine beiden Brüder hatten sich telefonisch gemeldet und gewundert, warum ich nichts von mir hören ließ, und als ich sie nicht zurückrief, schrieben sie mir Briefe.

Auch Freunde und Fans schrieben mir und wollten wissen, was mit mir los war. Aber die Anrufe meiner Mutter trafen mich besonders.

Als ich am nächsten Tag, nachdem ich den Experten unter den Experten getroffen hatte, in der Küche stand und für Elijah ein Brötchen mit Frischkäse bestrich, klingelte das Telefon. Elijah antwortete, überreichte mir den Hörer und setzte sich an den Tisch, um sein Brötchen zu essen. Ich starrte den Hörer eine Zeit lang an, bevor ich schließlich versuchte, ein Hallo herauszubringen.

„Elijah?", riet sie. „Hier spricht Großmama Gladys!" Sie sprach sehr laut.

„Nein, Mama … ich bin es."

„Bist wahrscheinlich schon ganz aufgeregt, weil du in den Kindergarten kommst."

„Mama, das ist … nicht Elijah, ich bin es!"

„Fein. Ich bin mir sicher, dass du ein guter Schüler wirst. Ist dein Papa da?"

Es quietschte kurz am anderen Ende der Leitung, dann war eine lange Zeit nichts zu hören, während sie ihr Hörgerät einstellte. „Hallo", sagte sie. „Einen kleinen Augenblick, ja?"

So merkwürdig das auch klingen mag, aber solche Gespräche zu führen, war für uns nichts Ungewöhnliches; selbst als ich noch sprechen konnte, kam das vor. Sie regte sich dann immer auf, weil sie nichts hören konnte, und ich sprach meine Wörter so deutlich aus, dass mir das Gesicht davon wehtat. Unser letztes gutes Telefongespräch lag schon lange zurück, und auch wenn wir uns gegenüberstanden, war es kaum besser.

„Hallo, Elijah?", sagte sie, als sie endlich wieder am Hörer war.

„MAMA!", flüsterte ich, so laut ich nur konnte. „HIER SPRICHT JOEL! DEIN SOHN!"

„Ach Joel! Hallo. Ich habe mich eben ganz nett mit Elijah unterhalten – er scheint sich ja schon sehr auf den Kindergarten zu freuen. Wie geht es dir denn?"

Es war wirklich an der Zeit, es ihr zu sagen. Stattdessen verschwieg ich es ihr, mir fehlten die Worte, und ich verpasste den richtigen Augenblick.

Der Herbst brachte große Veränderungen mit sich – Elijah kam in den Kindergarten und Michaela in die Krabbelgruppe. Er machte sich wacker auf den Weg in den Kindergarten, sie hingegen tat sich etwas schwerer; und so endete der erste Tag in Tränen. Auch der darauf folgende Tag endete so, aber am dritten Tag war sie nicht mehr zurückzuhalten, sie stürzte sich geradezu in das Zimmer, um mit ihren Kameraden zu spielen.

Da die Kinder nun versorgt waren und Taly arbeitete, zogen sich meine Tage unsagbar in die Länge; ich verbrachte meine Zeit damit, zu hoffen, zu wünschen und zu beten, dass der Experte sich getäuscht hatte. Aber so schwer es tagsüber auch war, die Abende waren noch schlimmer, meine Stimme war nach den etlichen Sprechversuchen im Laufe des Tages dann so erschöpft, dass ich abends nicht einmal mehr flüstern konnte.

Nachts war es dann ganz besonders schlimm. Die Bettzeit war für mich und die Kinder immer etwas ganz besonderes gewesen – ein Buch, eine Geschichte und ein Gutenachtkuss – ein Ritual, mit dem jeder Tag ihres jungen Daseins abgeschlossen worden war. Michaela vergaß manchmal, dass die Dinge sich nun geändert hatten. „Papa, erzähl uns eine Geschichte! Eine Chelm-Geschichte! Oder die mit dem verlorenen Pferd! Oder die von dem irischen König!"

Dann wies Elijah sie zurecht. „Nein Michaela, wir wollen doch gar keine Geschichte hören, das weißt du doch." Sie blickte ihn zunächst verblüfft an, nickte dann aber zustimmend. „Ist schon OK, Papa. Wir wollen heute Abend gar keine Geschichte hören."

Eines Abends hatte ich eine Idee. Ich wählte eines ihrer Lieblingsbücher aus: Die kleine blaue Lokomotive. Elijah konnte es schon fast lesen, und Michaela hatte es auswendig gelernt. Ich versteckte Michaelas Kassettenrekorder unter dem Bett und hielt eine meiner Kassetten bereit. Ich knipste das Licht aus, und wir kuschelten uns aneinander. Zusammen gaben sie die Geschichte Wort für Wort wieder. Danach beugte ich mich zum Kassettenrekorder hinunter und drückte „PLAY".

„Vor langer, langer Zeit lebte einmal ein König in Irland. Er war kein lieber König ... sondern ein sehr böser, und er beschloss eines Tages, seine Berater hinters Licht zu führen ..."

Sie rissen ihre Augen auf. Elijah wird wohl verstanden haben, was vor sich ging, aber es schien ihn nicht zu stören. Michaela hatte ein breites Grinsen auf dem Gesicht. Ich machte die Lippenbewegungen dazu und arbeitete auch mit Gestik und Mimik, dann kam das Ende, wo der Geschichtenerzähler das Rätsel des Königs auflösen muss: Wie viele Sterne gibt es am Himmel?

„Ihre Hoheit, genau siiiebenundvierziggg Millllionen Zweiiihuuuuuundert uuund seeechsundaaachzigtaussssssend ..." Meine Stimme versagte plötzlich ganz.

Sie sahen mich erwartungsvoll an.

„Und was geschah dann?", fragte Elijah.

„Erzähl weiter, Papa!", sagte Michaela.

Plötzlich klickte der Kassettenrekorder laut; die Batterien waren leer. Sie schauten mich immer noch wartend an.

„Sie lebten ... glücklich und zufrieden ... bis an ... ihr Lebensende."

Ich jedoch war ganz und gar nicht glücklich. Und mit jedem Tag wurde ich trauriger. Nach langem Hin und Her fuhr ich an einem regnerischen Samstagnachmittag über die Bay Bridge nach San Francisco; ein verzweifelter Versuch, wieder Oberwasser zu bekommen.

Der Mann, der mir eine Nachricht auf dem Anrufbeantworter hinterlassen hatte, hatte auch eine E-Mail-Adresse angegeben, und so nahm ich den Bar-Mizwa-Auftrag an, und zwar nicht gerade zu einem Spottpreis. Schon auf der Brücke bereute ich meine Entscheidung. Es war lächerlich, auftreten zu wollen, aber ich war von meinem unermüdlichen Optimismus dazu angetrieben worden. *Wenn du unter Druck stehst, lieferst du immer eine gute Show*, tönte es in mir. *Und wer weiß, vielleicht kehrt deine Stimme genau in dem Augenblick zurück, in dem du die Bühne betrittst.* Sogar durch den strömenden Regen hindurch konnte ich die Markisen des protzigen Hotels in San Francisco erkennen, wo der Name des Jungen mir in Leuchtbuchstaben entgegenleuchtete. Ich war schon auf sehr schönen Bar-Mizwa-Feiern aufgetreten – es waren wunderbare Feste gewesen, die den Eintritt in einen neuen Lebensabschnitt markierten. Ich ahnte schon, dass das diesmal ganz und gar nicht der Fall sein würde.

Als ich mich zur Lobby durchgekämpft hatte, entdeckte ich ein lebensgroßes Bild des Bar-Mizwa-Jungen. Darüber stand: „Die tollste Bar-Mizwa aller Zeiten!" Und drum herum sah man Sprüche wie: „Fesselnd!" oder „Unwiderstehlich gut!" oder „Atemberaubend!". Es war eine Art Filmstar-Bar-Mizwa, und wenn man sich das Bild genauer ansah, das den Jungen mit einer Zigarre und einem Oscar darstellte, so gab es kaum noch Zweifel, dass er sich gerne in Szene setzte.

Techno-Musik drang vom Tanzraum in die Lobby, so dass sich die anderen Hotelgäste die Ohren zuhalten mussten, wenn sie vorbeiliefen. Im Raum selbst gab es Schwarzlichter, die vom Spiegel reflektiert wurden. In der E-Mail wurde darauf hingewiesen, dass alles sehr vornehm sein würde, und so hatte ich widerwillig einen Anzug aus meinem Schrank gekramt, den ich normalerweise für Hochzeiten und Beerdigungen reserviert hatte, und so fühlte ich mich gleichzeitig zu schick und nicht schick genug. Plötzlich überkam mich die Angst.

Während ich dort stand und wartete, kam eine Frau in einem Goldfischkleid und Stöckelschuhen auf mich zugewackelt und verschüttete dabei die Hälfte ihres Martinis. „Wir freuen uns so, dass Sie hier sind! Sie müssen Herr – wie ist ihr Name noch einmal? Sagen Sie es mir nicht. Izzy? Ben? Joel? Sie sind der Geschichtenerzähler – Sie sind als nächster dran, gleich nach dem Zauberer."

Ich kämpfte mich zur Bühne durch. Ganz in der Nähe sah ich den Bar-Mizwa-Jungen, der fast genauso aussah wie auf dem Foto, die Knöpfe seines Smokings barsten fast, so hielt er Hof. Währenddessen spielte und trickste der Magier auf der Bühne wenig enthusiastisch mit Metallringen herum. Normalerweise ist das einer der lautesten und aufsehenerregendsten Zaubertricks, aber er hatte gegen die gewaltige Geräuschkulisse nicht die geringste Chance. Während ich ihm zuschaute, kam mir die rettende Lösung. Ich hatte einen Plan, einen guten. Wer weiß, vielleicht würde mir keiner zuschauen, schließlich schenkte man *ihm* auch keine Beachtung. Das war es, ich würde die Lippenbewegungen *einfach nachahmen.*

„Sie gehören dir", sagte er und verdrückte sich hinter die Bühne, in der einen Hand einen Tisch voller Accessoires, in der anderen einen Hasen. Ich stellte mich hinter das Mikrofon, lächelte und war bereit, so zu tun, als ob ich eine Geschichte erzählen würde. Wie vor jedem Auftritt wartete ich geduldig, bis eine Geschichte auf mich zukam und mir auf die Schulter klopfte. Wie zu erwarten, kam der Bettelkönig, und so begann ich meine Pantomime.

Es funktionierte zunächst wunderbar. Nach zehn Minuten dachte ich, ich würde ungeschoren davonkommen. Aber dann lief irgendetwas schief. Es fing mit dem Bar-Mizwa-Jungen an; ich sah, wie er mit fragenden Augen zu mir blickte. Er stieß den Jungen neben sich an. Weil sie ruhiger und ruhiger wurden, schauten andere zu ihnen, dann zu mir. Stille machte sich breit. Was geschah nur? Der DJ machte die Musik aus. Die Leute setzten sich, und sogar die Erwachsenen am Tisch hörten auf zu reden. Binnen kürzester Zeit herrschte eine Totenstille im ganzen Saal, und alle Augen waren auf mich gerichtet.

Ich sah, wie die zunächst neugierigen Gesichter nun verwirrt dreinblickten. Wie dankbar wäre der Magier wohl für so viel Aufmerksamkeit gewesen! Sie lehnten sich vor, starrten mich an und versuchten, mir durch Gesten Worte zu entlocken. Manche Leute rieben sich an den Ohren, aus Angst, sie wären vielleicht plötzlich taub geworden, und diejenigen, die Hörgeräte hatten, versuchten diese richtig einzustellen. Andere wiederum blickten mich kaum an, sie hielten ihren Kopf etwas geneigt in seltsamer Erwartung. Ich wartete darauf, dass die Leute wieder zu sprechen anfingen, schließlich würden sie mich nicht ewig anstarren. Stattdessen aber wurde es ruhiger und ruhiger. Man hörte nicht einmal mehr das feine Silberbesteck klappern. Und noch etwas geschah: Sie wurden alle auf einmal furchtbar höflich. Sie versuchten mir zu helfen; ich konnte ihr Mitleid förmlich spüren. Es blieb mir nichts anderes übrig, als zu versuchen, die Geschichte zu erzählen, die ich bis zu dem Zeitpunkt vorgetäuscht hatte, das Mikrofon würde mein Geflüster und Gekrächze nur verstärken. Ich hatte das Gefühl, Stunden auf der Bühne verbracht zu haben. Endlich kam ich zum Ende; ich griff nach meiner Tasche, verbeugte mich zu einem höflichen Applaus, den ich nicht verdient hatte. Ich wollte auf keinen Fall länger als notwendig dort bleiben und womöglich erklären müssen, weshalb ich nicht reden konnte. Aber niemand äußerte sich dazu. Die kratzige, krächzende Entschuldigung für meine Stimme war ein Art Tabuthema geworden, etwas, worüber niemand reden wollte, weil es

zu offensichtlich war. Aber als ich vor schlechtem Gewissen tau-
melnd meinen Scheck abholen wollte, lobte mich die Mutter.

„Was für tolle Geschichten Sie erzählt haben müssen! Wo ist
denn mein Mann?" Sie suchte den Raum mit ihren Blicken ab
und zeigte dann auf eine größere Ausgabe ihres Sohnes. „Warten Sie kurz." Sie winkte ihm zu. „Er hat das Scheckbuch."

Während ich wartete, fingen andere Gäste eine höfliche
Konversation mit mir an und stellten Fragen, die ich aufgrund
des Lautstärkepegels erst gar nicht zu beantworten suchte. „Erzählen Sie schon lange Geschichten?", fragte ein Mann. „Ist das
ihre Haupteinnahmequelle?", fragte ein anderer leicht besorgt.
Ich tat mein Bestes, die Fragen mit einem Kopfnicken oder mit
Gesten zu beantworten, als eine ältere, gebrechliche Dame ihre
Hand auf meinen Arm legte. „Ihr Auftritt war …" Ihr Gesicht
wurde bleich, was immer sie auch sagen wollte, sie hatte es offensichtlich vergessen. Sie lächelte, nickte und setzte wieder
an. „Ihr Auftritt war …"

„Unglaublich!", sagte eine Stimme hinter mir. „Absolut unglaublich!"

Ich musste mich nicht umdrehen, um sie wiederzuerkennen;
ich kannte die Stimme. Es war Lenny.

Kapitel 4

Das Schweigegelübde

Es lebte einmal ein Mann, der beschloss, in ein Kloster einzutreten. Gleich bei seiner Ankunft legte er ein Schweigegelübde ab. Fünf Jahre sollte kein einziges Wort über seine Lippen kommen, nach dieser Zeit stand ihm eine fünfminütige Unterredung mit dem Abt zu.

Fünf Jahre später bat der Abt ihn zu sich.

„Nun, was hast du über deine Zeit im Kloster zu sagen?"

Der Mönch dachte eine Zeit lang nach, dann sagte er: „Zu Beginn hatte ich Probleme mit dem Begriff der Trinität, aber nun verstehe ich es. Außerdem fand ich es ziemlich schwer, jeden Morgen um vier Uhr aufzustehen. Aber ich habe mich daran gewöhnt."

„Ist das alles, was du zu sagen hast?", fragte der Abt.

Der Mann nickte.

„Gut, dann sprechen wir in fünf Jahren wieder miteinander."

Fünf Jahre später ging der Mann wieder zum Abt.

„Was hast du zu sagen?"

„Nun ja, es war nicht gerade einfach, die Wahrheit des Katechismus anzunehmen, aber ich habe es schließlich getan. Allerdings fiel es mir schwer, nur mit einer Schüssel Haferschleim pro Tag auszukommen."

„Ist das alles, was du zu sagen hast?"

Der Mann nickte.

„Gut, dann sprechen wir in fünf Jahren wieder miteinander."

Fünf Jahre später ging der Mann wieder zum Abt.

„Was hast du zu sagen?"

„Es war eine Herausforderung, die Idee der göttlichen Gnade zu akzeptieren, aber ich habe es geschafft. Auch war es ziemlich ungemütlich, all die Jahre ohne Matratze auf einem Steinboden zu schlafen, aber ich habe mich daran gewöhnt."

„Ist das alles, was du zu sagen hast?"

„Nein, noch eines, ich werde das Kloster verlassen."

„Na, das wird aber auch Zeit! Seit deiner Ankunft bist du nur am Motzen und Meckern!"

ICH STAND DA, starrte Lenny an und konnte nicht fassen, wie alt er aussah. Wäre seine Stimme nicht gewesen, hätte ich ihn nicht wiedererkannt. Die Gesichtshaut hing schlaff herunter, und um die Augen herum war er aufgedunsen. Sein einst volles Haar war verschwunden, und was davon übrig geblieben war, hing seitlich in grauen, langen Strähnchen herunter und vermischte sich mit seinem ungepflegten Bart. Aber er strahlte.

„Was ist los?", sagte er mehr oder weniger zu sich selbst. „Fast zwanzig Jahre haben wir uns nicht mehr gesehen, und du sagst nicht einmal Hallo?" Er sprach sehr laut, und so drehten sich einige Köpfe nach uns um. „Ich hatte mich schon sehr auf diesen Augenblick gefreut und damit gerechnet, dass du dich auch freust." Ich streckte ihm meine Hand entgegen, bemühte mich zu lächeln und brachte zögerlich ein „Wie geht es dir?" hervor.

„Könntest du lauter reden?" Er sprach zu der versammelten Menge. „Ich verstehe kein Wort, Sie etwa?" Er drehte sich wieder zu mir und sagte: „Was soll das mit dem Nuscheln? Kannst du nicht mehr sprechen?" Ich suchte unbeholfen nach einer Antwort und war erleichtert, als ich die Mutter des Bar-Mizwa-Jungen auf uns zukommen sah.

„Hier ist Ihr Scheck", sagte sie und blickte Lenny von der Seite an, dann verschwand sie. Ich nickte höflich, als ich ihn entgegennahm, aber nur einen kurzen Augenblick darauf, riss Lenny ihn mir aus der Hand. „Meine Güte!" rief er, den Scheck von sich streckend; er schaute ungläubig. Dann beugte er sich ein Stück vor und flüsterte: „Sehe ich richtig? Schau mal, wie viel sie dir bezahlen! Und das für diesen jämmerlichen Auftritt?"

Ich hatte genug gehört, schnappte mir den Scheck, griff nach meiner Geschichtenerzählertasche und ging in Richtung Tür.

„Hey, wo gehst du hin?", rief er. Dann richtete er sich an die Menge: „Er war mein Schüler. Fast zwanzig Jahre habe ich ihn nicht mehr gesehen, und nun möchte er nicht einmal mit mir sprechen!"

Ich blickte kurz über die Schulter und sah um ihn herum neugierige und verwirrte Gesichter, ähnlich wie bei meinem Bühnenauftritt. Ich ließ ihn dort stehen, durchquerte die Lobby, vorbei am Musikgedröhne und raus in den Regen. Aber nur einen Augenblick später hörte ich ihn rufen. Ich drehte mich um und sah, wie er mir zuwinkte und auf mich zuhinkte.

Ich hatte nicht das Bedürfnis, Lenny oder sonst irgendjemanden zu sehen, aber ich hatte keine andere Wahl. Ich wartete, bis er vollkommen außer Atem am Auto ankam. „Joel, warum rennst du davon?", fragte er. „Ich komme her, freue mich, dich zu sehen, und du sagst nicht einmal *Hallo*."

„Hallo", flüsterte ich. Das schien ihn nicht zu befriedigen. „Hör zu, ich … kann wirklich nicht reden."

„Das kann man wohl sagen!", schrie er. Er beugte sich zu mir vor und flüsterte: „Ist das eine Art Geheimnis, oder was?" Tropfen rannen von seinem kahlen Kopf.

„Lenny", sagte ich, so laut ich konnte, „es ist schön … dich zu sehen. Siehst gut aus. Ich wünschte … ich hätte mehr Zeit …"

Er schüttelte den Kopf. „Joel, du lügst. Kannst kaum sprechen, aber lügst! Ich sehe furchtbar aus, und du möchtest einfach nur so schnell wie möglich abhauen."

Ich wusste nicht, was ich tun sollte, also entriegelte ich die Autotür, ging um den Wagen und packte meine Erzählertasche in den Kofferraum. Als ich diesen zuschlug, war er plötzlich verschwunden. Ich kniff die Augen im Regen zusammen und suchte mit den Augen den Parkplatz ab, aber konnte ihn im Dunkeln nicht sehen. Ich seufzte vor Erleichterung, öffnete die Autotüre und erschrak. Er saß auf dem Fahrersitz.

Ich stand da und starrte ihn an, er starrte zurück. „Was ist?", fragte er. „Steigst du nun ein oder stehst du weiterhin da und guckst dumm aus der Wäsche?"

Er schaute mich überrascht an, dann schien er zu verstehen und nickte. „Ach ja, klar. Hast natürlich Recht. Es wäre wohl besser, wenn du fährst. Sie haben mir den Führerschein weggenommen. Sehe auf diesem Auge gar nichts mehr" – er zeigte auf das rechte Auge – „bin ganz blind darauf." Er kletterte über die Armlehne auf den Nebensitz und winkte mich rein, wobei er den Sitz glattstrich. Die Situation war lächerlich, aber ich wurde langsam klatschnass, also stieg ich ein und überlegte mir, wie ich ihn wohl loswerden könnte.

„Keine Sorge", sagte er, während er es sich auf dem Sitz gemütlich machte. „Du wirst dich schon an den Weg erinnern. Fahr einfach." Als ich nicht reagierte, seufzte er verzweifelt und sagte: „Na gut, die 280 runter bis zum Highway 17, dann Richtung Süden, bis zur Ausfahrt Ben Lomond, am Stoppschild biegst du links ab. Dann fährst du zirka drei Meilen, bis du auf den Feldweg kommst …"

Lenny hatte wirklich Nerven. Er erklärte mir tatsächlich, wie ich ihn nach Hause bringen sollte. Dabei hatte er nicht einmal gefragt. Es war *selbstverständlich*, dass ich ihn nach Hause fuhr. Seine Hütte in Ben Lomond war mindestens anderthalb Stunden von hier entfernt – und bei diesem Regen konnte man locker mit zwei Stunden rechnen – außerdem wohnte er in einer ganz anderen Richtung als ich.

Wir schauten uns einen Augenblick lang an. Er machte keine Anstalten zu gehen, und während ich dasaß und mir überlegte, was zu tun sei, kam ich schließlich zu dem Schluss, dass die schnellste Möglichkeit, ihn loszuwerden, wohl die war, ihn nach Hause zu fahren. Wie sollte er sonst auch nach Hause kommen? Es wäre eine gute Tat, sagte ich mir und startete das Auto. Vielleicht würde ich im Gegenzug mit etwas Glück belohnt, denn das konnte ich ja weiß Gott gut gebrauchen. Ich zog mein Handy heraus und hinterließ Taly eine Nachricht, dass ich später nach Hause kommen würde.

Lenny schwafelte während der Fahrt vor sich hin. Es stellte sich heraus, dass der Bar-Mizwa-Junge sein Cousin zweiten Grades war; jedenfalls konnte er weder den Jungen noch die Eltern noch den Rest der Familie leiden. „Nicht einer von ihnen ist tiefgründiger als eine Pfütze. Aber", fügte er hinzu und stocherte in seinen Zähnen, „das Essen war durchaus gut."

Er war von einer anderen Verwandten zum Bar-Mizwa-Fest gebracht worden, aber hatte es geschafft, sich mit ihr zu zerstreiten, und deshalb brauchte er nun mich, um nach Hause zu kommen. Die Mutter des Bar-Mizwa-Jungen hatte ihn vor ein paar Monaten angerufen und gefragt, ob er beim Fest nicht ein paar Geschichten erzählen wolle. „Aber ich bin jetzt in Rente. Geschichtenerzähler Emeritus. Ich erzähle nur noch Geschichten, wenn ich Lust dazu habe, und auf Bar-Mizwas trete ich nicht mehr auf. Ich wusste, dass du in Berkeley lebst, weil ich in der Zeitung etwas über dich gelesen habe, also habe ich ihr deinen Namen gegeben. So bist du zu diesem Auftritt gekommen."

Er schwieg einen Augenblick und schien Dankbarkeit von mir zu erwarten. Als ich nichts von mir gab, zuckte er mit den Schultern und sprach weiter. Das war mir ganz recht so, ich hatte ihm sowieso nichts zu sagen und selbst wenn, hätte ich mit meinem Stimmchen gegen den Lärm der auf das Auto prasselnden Regentropfen sowieso keine Chance gehabt.

Kurz nachdem ich ihn das letzte Mal gesehen hatte, hatte er aufgehört, in der Öffentlichkeit aufzutreten. Er hatte einige gesundheitliche Probleme gehabt. „Erwischst mich zu einem günstigen Augenblick", sagte er hustend. „Hatte erst einen Herzinfarkt, am 27. Januar letzten Jahres, wer weiß, wann der nächste kommt. Dann wäre da auch noch der Diabetes. Sie haben mir das Trinken verboten. Macht es dir etwas aus, wenn ich meine Schuhe ausziehe? Meine Füße bringen mich um."

Ich verließ den Highway und fand den Weg zu dem Feldweg, der sich durch die Wälder zu seiner Hütte schlängelte. In einem Punkt hatte er Recht gehabt: Ich erinnerte mich tatsächlich an die Straße, als ich mich ihr näherte; ich erinnerte mich auch, wie ich mich einst voller Vorfreude mit dem Fahrrad auf den Weg zu seiner Hütte gemacht hatte. Durch den starken Regenfall war die Landstraße voller Schlamm, und ich versuchte die Wasserlachen zu umfahren, während er weiter von seinem Leben berichtete. Schließlich sah ich die Hütte im Scheinwerferlicht; sie sah nicht mehr so gemütlich aus wie die Hütte, die ich in Erinnerung hatte, sondern leicht verwunschen. Ich fuhr die Kieselauffahrt hoch und ließ den Motor laufen. Er schien nichts zu bemerken.

„Und", sagte er, „was hast du mir zu erzählen?"

Ich antwortete nicht.

„Ich rede die ganze Zeit, und du sitzt nur da und sagst nichts. Erzählst du mir nun endlich deine Geschichte, oder was?"

Ich zeigte auf die Uhr im Armaturenbrett. Es war schon nach Mitternacht. „Ich würde … gerne", flüsterte ich, „aber es ist schon spät. Wie wäre es … ich rufe … dich an …"

Die Enttäuschung war ihm ins Gesicht geschrieben. Er schüttelte den Kopf.

„Mich anrufen? Warum solltest du das tun? Ich besitze nicht einmal ein Telefon! Du hast mich in den letzten achtzehn Jahren nie angerufen!" Er öffnete die Tür und stellte sich meckernd in den Regen.

„Ich sehe schon. Ich nehme dich als meinen Schüler an, versuche dir beizubringen, was ich über das Geschichtenerzählen weiß, sehe über deine Naivität hinweg – und was verlange ich dafür? Geld? Dankbarkeit? Nein, gar nichts. Dann kommt der Tag, an dem ich dich bitte, mir eine Geschichte zu erzählen, und was bekomme ich als Antwort?" Er machte eine Grimasse, legte seine Hände um den Hals und ahmte mein Pferdegeflüster nach. „Lass … uns mal … essen gehen." Kopfschüttelnd schlug er die Autotüre zu und stapfte durch den Regen in seine Hütte. Als er auf der Veranda war und das Haus betrat, seufzte ich vor Erleichterung. Aber so verärgert ich auch war, ich fühlte mich unwohl – eine stechende Traurigkeit kam auf. Dieses Wiedersehen hatte ein Bild getrübt, das ich lange Zeit mit mir herumgetragen hatte, das Bild eines großartigen Geschichtenerzählers, der immer mit seiner dunklen Seite zu kämpfen hatte. Die dunkle Seite hatte gewonnen. Jetzt würde ich ihn als einen bemitleidenswerten alten Mann in Erinnerung behalten, der im Regen vor sich hin schimpfte. Ich wartete einen Augenblick, dann setzte ich zurück und fuhr wieder zum Highway. Ich würde ihn sicherlich nie wieder sehen.

Doch als ich mich dem Highway näherte, wurde ich auf einmal zappelig und fühlte mich unruhig. Es war nicht richtig, so von ihm zu gehen. Kurz vor der Auffahrt zum Highway wendete ich. Als ich wieder in der Einfahrt ankam, war es in der Hütte schon stockdunkel. Ich stapfte durch den Schlamm zur Veranda und stand dort einige Minuten; es war nichts zu hören. Ich war schon im Begriff zu gehen, als ich seine Stimme hörte.

„Die Tür ist offen."

Ich trat ein und sah ihn zusammengekauert vor dem rundlichen Ofen hocken; er zündete eine leere Eierschachtel an, die in Flammen aufging. Er schien überhaupt nicht überrascht, mich wieder zu sehen. „Setz dich ruhig", sagte er, ohne aufzuschauen. Zwei breite Armsessel standen gegenüber vom Ofen, wie schon seit jeher. Ich setzte mich in den, der mir am nächsten stand und aus dem die Füllung schon herausquoll. Ich sah mich im Raum um; es war nicht einfach, irgendetwas zu erkennen, denn er wurde nur von einer Kerosinlampe auf dem Küchentisch beleuchtet. Seine Hütte war schon immer bedrückend gewesen, voller Bücher, die sich in jedem Eck stapelten. Diese Stapel waren nun gewachsen, und ich konnte ihre sich im Feuerlicht bewegenden Schatten auf dem mit Schieferplatten ausgelegten Boden sehen. Auch einige Zeitungsstapel, Schachteln und ein gelber Koffer standen herum. Es war überall sehr staubig, wodurch der Raum, nachdem das Feuer in Gang gekommen war, noch stickiger wurde.

Lenny schürte das Feuer mit einem Haken und sagte währenddessen nichts. Schließlich stand er auf, ging in die Küche und kehrte kurz darauf mit einer Dose gemischte Nüsse und zwei Gläsern Wasser zurück. Ich starrte zunächst die Dose an, als ob jeden Augenblick eine mit Sprungfedern versehene Schlange herauskommen würde, dann blickte ich auf die Wassergläser. Meines war ein ganz normales Wasserglas, aber seines war ein sehr edles, pinkfarbenes, in sich gedrehtes Weinglas.

„Es gehörte meiner Großmutter", erklärte er, als er bemerkte, wie ich es anstarrte. „Schön, nicht wahr? Sie hat es aus Polen mitgebracht. Es waren ursprünglich vier Stück, jetzt ist nur noch dieses übrig."

Er setzte sich mir gegenüber und griff nach einer Handvoll Nüsse. Ich schaute ihn eine Weile an, immer noch sauer, weil er mich auf der Bar-Mizwa-Feier so gedemütigt hatte. Ja, ich war wirklich verärgert, aber irgendwie tat er mir auch Leid. Ich wollte ihm helfen.

„Machst du irgendwann einmal deinen Mund auf?", sagte er schließlich. „Oder wirst du mich den ganzen Abend nur anglotzen?"

„Wie kann … ich dir … helfen?"

„Das sagte ich doch schon. Ich will deine Geschichte hören."

„Meine Geschichte?"

„Was sonst?", sagte er ungeduldig. „Hör zu, Joel. Ich kann es deinem Gesicht ansehen, dass es dir miserabel ergangen ist. Ich habe nicht die geringste Ahnung, was passiert ist, aber es sieht gerade so aus, als hätte jemand in deinen Rachen gefasst und dir die Seele entrissen. Du bist fix und fertig! Aber", fügte er hinzu und schaute mich von oben bis unten an, „der Anzug sieht fantastisch aus."

Ich verstand die Anspielung auf den Witz meines Vaters, den ich ihm Jahre zuvor erzählt hatte, zunächst nicht, aber dann berührte es mich, dass er sich daran erinnerte. Ich fühlte mich auf einmal überwältigt. Ich blickte eine Zeit lang ins Feuer, dann schaute ich ihn an, wie er mit weit aufgerissenen Augen wartend dasaß.

„Es ist … eine lange Geschichte."

„Gut", sagte er und holte sich noch einmal eine Handvoll Nüsse. „Ich mag lange Geschichten."

„Ich weiß nicht … wo ich anfangen … soll."

„Das ist egal. Wo auch immer du beginnst, ist der Anfang. Mach einfach weiter, und das Ende findet dich."

Ich saß da und versuchte verzweifelt, die passenden Worte zu den Bildern zu finden, die mir ins Gedächtnis schossen. Schließlich gab ich es auf und flüsterte einfach darauf los. „Ich habe meine Stimme verloren", fing ich an.

„In der Tat. Erzähl weiter."

Mit primitiven Sätzen erklärte ich ihm, was ich konnte. Es war nicht einfach. Die Worte blieben mir fast im Halse stecken, und ich schnappte nach Luft. Trotzdem tat es gut, sie auszusprechen. Dann konnte ich nicht mehr aufhören, die Geschichte sprudelte gerade so aus mir heraus. Ich kämpfte weiter, musste nach wenigen Wörtern immer wieder eine Pause einlegen, bis ich an dem Bar-Mizwa-Abend angelangt war. „Und das … hast du ja … mitbekommen."

Lenny reagierte nicht so, wie ich es erwartet hatte. Er war sichtlich getroffen von meiner Geschichte. Als er bemerkte, dass ich ihn anstarrte, drehte er sich schnell nach rechts weg und griff unter seinen Armsessel; er tastete so lange, bis er eine hölzerne Zigarrenschachtel fand und hervorholte. Er wühlte einige Zeit in der Schachtel, bis er schließlich eine Zigarre hervorholte, das Ende abbiss und in den rundlichen Ofen spuckte. Dann zündete er sie an, zog ein paar Mal daran und lehnte sich in seinen Sessel zurück.

„Nun gut", sagte er mit einer Handbewegung. „Erzähl weiter."

Ich zuckte mit den Achseln. Da gab es nichts mehr zu erzählen.

Seine Zigarrenhand gab mir Zeichen, weiterzumachen. „Mach schon. Ich höre."

„Was?"

„Ich höre dir gebannt zu. Und dann?"

„Das war's."

Er schüttelte seinen Kopf. „Nein, das war's nicht. Die Geschichte ist noch nicht zu Ende. Es fehlt noch etwas."

Ich zuckte wieder mit den Schultern und nippte an meinem Wasserglas.

„Na komm schon. Wo ist denn die Pointe?" Er wartete. „Jede Geschichte hat eine Pointe, eine Botschaft oder eine Moral. Sonst würde man sie doch nicht erzählen. Also, wo ist die Pointe?"

„Es gibt keine Pointe."

„Natürlich gibt es eine Pointe. Es muss einfach eine geben."

Ich rutschte in meinem Sessel herum.

„Na gut, dann liefere ich dir eben die Pointe. Das Leben hat dir in den Hintern getreten." Er stieß einen verschwommenen Rauchring aus. „Es musste eben geschehen, oder?" Er zeigte mit seiner Zigarre auf die Tür. „Als du vor langer, langer Zeit durch diese Tür hinausgegangen bist, wusste ich genau, dass du eines Tages wiederkommen würdest. Und da bist du nun, steckst den Kopf in den Sand und ziehst den Schwanz ein."

Ich starrte ihn an und war zu getroffen, um etwas erwidern zu können. Dann knallte ich das Glas auf den Tisch und stand auf; ich wollte gehen.

„Was denn, rennen wir wieder davon?", rief er, als ich mich schon in der Tür befand. „Magst du die Wahrheit nicht?"

„Ich mag ... dich nicht."

„Wie auch immer", sagte er schulterzuckend, „du *brauchst* mich jedenfalls."

„Blödsinn", versuchte ich so laut wie möglich zu sagen, aber es kam nur ein Piepston dabei raus.

„Aber so ist es", sagte er, ohne mich zu beachten. „Denn ohne meine Hilfe wirst du werden wie ich."

Ich sah durch die Tür zu ihm zurück, und da stand er mit gerötetem Gesicht. Seine Worte waren wie ein Fluch, genauer genommen wie ein weiterer Fluch inmitten der vielen Flüche, die sich in den letzten Monaten angesammelt hatten. Gerade als ich auf die Veranda trat, hörte ich, wie er ein einziges Wort rief.

„ES!"

Ich wartete. Er sagte es noch mal, diesmal etwas leiser.

„Es." Und dann flüsterte er ein drittes Mal: „war ... einmal". Es folgte eine lange Pause. „ ... ein Prinz. Der lebte in einem Schloss, auf einem Hügel mitten in einem riesigen Wald."

Ich wartete. „Es war ein wunderschönes Schloss. Der Prinz führte ein glückliches Leben, aber bereits als Kind verbot man ihm, jemals in den Wald zu gehen, unter keinen Umständen sollte er ihn betreten, denn er war verwunschen. *Gehst du hinein, bist du verloren,* hatten seine Eltern gesagt, *und wir werden dich nie wiederfinden können.* Und so hatte er auf seine Eltern gehört und war nie in den Wald gegangen."

Ich fühlte, wie Lenny mich mit seiner Geschichte in den Bann zog. „Als er sich an einem sonnigen Tag in der Nähe des Waldes befand, überkam ihn plötzlich die Neugier. Was konnte nur so schlimm daran sein, in diesen Wald zu gehen? Sogar von weit oben konnte er mysteriöse und wunderschöne Geräusche hören und sah Vögel mit außergewöhnlich schönem Federkleid. Er wagte sich hinein und sah Bäume voller Früchte, die er noch nie zuvor gesehen hatte, und daneben blubbernde Bäche. Es zog ihn immer weiter in den Wald hinein, bis er nach einigen Stunden merkte, dass es Zeit war, zurückzugehen. Erst dann bemerkte er, dass er sich hoffnungslos verlaufen hatte. Hysterisch rannte er die verschiedenen Pfade ab und versuchte seinen Weg wiederzufinden, allerdings ohne Erfolg. Er verbrachte die Nacht alleine und voller Angst. Am nächsten Tag nahm er seine Wanderung wieder auf und suchte verzweifelt nach den richtigen Weg. Er ging und ging den ganzen Tag und auch den darauf folgenden Tag, aber er fand den Weg nicht. Am Ende des dritten Tages war er vollkommen verzweifelt. Gerade als er drauf und dran war, sämtliche Hoffnungen aufzugeben, erblickte er einen sehr alten Mann.

‚Gott sei Dank habe ich Sie gefunden‘, sagte der Prinz und rannte ihm entgegen. *‚Ich komme hier nicht wieder heraus. Ich bin nun schon seit drei Tagen in diesem Wald!‘*

‚Drei Tage?‘, lachte der alte Mann. *‚Ich sitze hier schon seit drei Jahren fest!‘*

Der Prinz war enttäuscht. *‚Dann können Sie mir also auch nicht weiterhelfen‘*, sagte er.

‚Hm‘, sagte der alte Mann. *‚Da täuschst du dich gewaltig. Ich habe zwar keine Ahnung, welcher Pfad uns aus dem Wald hinausführt, aber ich kenne mittlerweile hunderte, die uns mit Sicherheit nicht herausführen. Komm, zusammen finden wir hier schon wieder raus.‘*"

Ich hatte mich wieder gegenüber von Lenny hingesetzt.

„Du hast mir erzählt, was passiert ist", sagte er ruhig. „Aber du hast mir nicht erzählt, warum es passiert ist."

„Ich ... weiß nicht ... warum."

„Nein, du weißt es nicht. Und ohne Grund gibt es auch keine Geschichte. Nur noch mehr Leid. Bedeutungsloses Leid. Stumpfsinniges Leid – ich kenne das, und zwar nur zu gut. Die Welt ist voll davon, und sollte es einem persönlich doch mal wieder besser gehen, so muss man nur die Zeitungen aufschlagen, um das wieder zu ändern."

„Aber ... weißt du ... denn ... warum?"

Er zuckte mit den Achseln und dachte nach. „So viel weiß ich: Das Leben ist eine harte Schule, in der man erst den Test schreiben muss und im Nachhinein die Zusammenhänge erklärt bekommt." Er beugte sich zu mir und sprach sanft: „Hör zu Joel, es tut mir Leid, wirklich. Ich kann sehen, dass du durch die reinste Hölle gegangen bist. Und ich habe keine Antwort, sondern noch eine Frage. Und die wäre: Bist du bereit, aus deiner Erfahrung zu lernen?"

Ich dachte eine Weile nach, dann nickte ich.

„Nun, das ist schon einmal verdammt viel wert. Bislang hast du dich nämlich wie der Kerl im Kloster verhalten", sagte er lächelnd. Ich verstand die Anspielung nicht und wartete. „Seitdem du hier bist, meckerst und motzt du nur."

Er drückte seine Zigarre aus, stand von seinem Sessel auf, ging auf einen Schrank zu und kam mit einer Decke zurück. „Ich bin todmüde", sagt er und zeigte auf die Couch. „Bleib' doch heute Nacht hier. Wir können morgen weiter reden." Dann ging er in sein Zimmer und machte die Tür zu.

Erst dann wurde mir bewusst, wo ich eigentlich war und wie spät es schon war. Ich schaltete das Handy ein – es blinkte; es mussten ein halbes Dutzend Nachrichten hinterlassen worden sein – ich rief Taly an, die müde und wütend war und doch erleichtert, dass ich nicht irgendwo tot im Straßengraben lag. Ich sagte ihr, dass ich am nächsten Tag wieder zu Hause sein würde.

Nachdem ich aufgelegt hatte, schaute ich mir den Raum noch einmal genau an – die Bücher, das flackernde Feuer, den Tisch, mein halb leeres Glas und Lennys pinkfarbenes Weinglas gegenüber.

Ich lag mit offenen Augen auf Lennys Couch; die Federn stachen mir in den Rücken. Ich drehte und wälzte mich ziemlich lange, bevor ich eine für mich annehmbare Position fand. Und gerade als ich mich im Tiefschlaf befand, hörte ich ein lautes, brummendes Geräusch. Ich setzte mich auf, und meine Haare sträubten sich vor Angst, bis ich feststellte, dass es nur Lenny war, der nebenan schnarchte.

Immer noch unfähig zu schlafen, dachte ich über Lenny nach und darüber, wie seltsam es war, wieder in dieser Hütte zu sein, und über diese Frage, die er mir gestellt hat: Gab es für das, was mir widerfuhr, einen Grund? Es war eine quälende Frage, eine, die ich mir monatelang gestellt hatte, ohne eine Antwort darauf zu finden. Aber nun, da ich sie aus seinem Munde hörte, musste ich wieder darüber nachdenken. Er schien davon überzeugt zu sein, dass es irgendwo einen Grund oder eine Erklärung gab, die all dem einen Sinn geben würde.

Aber ist das wirklich so? Gibt es für jede Erfahrung im Leben einen Grund? Schon als ich mir die Frage stellte, dachte ich an einige Dinge, die nicht aus einem bestimmten Grund geschahen – die massenhafte Ermordung von Menschen, fürchterliche, willkürliche Krankheiten, grausame Unfälle. Und je länger ich darüber nachdachte, desto mehr fiel mir ein. Und je mehr mir einfiel, desto mehr wünschte ich mir, dass es wirklich so war.

Der Regen hatte aufgehört, und ich hörte nun nur noch vereinzelt, wie es von den Bäumen auf das Dach tropfte. Lennys Schnarchen war verstummt, und ich hörte Vögel zwitschern. Ich schaute aus dem Fenster und sah durch die Bäume einen Himmelsstreifen purpurfarben leuchten, wie ich es nie zuvor gesehen hatte.

„Frühstück ist fertig!"

Vor mir tat es einen kräftigen Schlag, ich öffnete meine Augen und sah, nur einige Zentimeter entfernt, einen glänzenden Bagel auf dem Tisch. Ich schloss meine Augen wieder.

„Mein Lieber, das Ganze läuft doch darauf hinaus. Das Leben erteilt dir auf diese Art und Weise wahrscheinlich eine Lektion – " Er machte eine lange Pause, und ich öffnete meine Augen, um über den Bagel hinwegzusehen, und da stand er. Als ich ihn genauer ins Auge fasste, sah er noch schlimmer aus als am Vorabend; sein blasser, aufgeblähter Körper war nur durch ein ärmelloses Hemd und gestreifte Boxer Shorts bedeckt, seine Beine waren voll blauer Flecken und sahen so schmächtig aus, dass ich mich fragte, wie sie ihn aufrecht halten konnten.

„ – es könnte aber auch sein", fuhr er schließlich fort, „dass dir damit das Geschenk deines Lebens gemacht wurde."

„Wie bitte?", sagte ich verblüfft.

„Wäre es nicht möglich", sagte er, „dass der Verlust deiner Stimme das Beste ist, was dir je zustoßen konnte?"

Ich starrte ihn noch fassungsloser an als gewöhnlich. Das Beste? Wovon sprach er eigentlich? Ich hatte nicht die geringste Ahnung, wie spät es war, jedenfalls war es zu früh. Ich richtete mich auf und starrte den Bagel an. Ähnlich wie mir hin und wieder ein Lied durch den Kopf schwirrte, das dann zum Ohrwurm wurde, kam mir nun unweigerlich einer der Lieblingssprüche meiner Mutter in den Sinn: „Ein Bagel ist ein gebildeter Donut." Ich griff danach. Er war kalt. Ich biss davon ab. Er war gefroren.

„Siehst du?", fragte er.

Mein Kopf schmerzte, und ich spürte einen stechenden Schmerz im Rücken; zweifelsohne hatte sich an dieser Stelle eine Bettfeder in den Rücken gebohrt. Neben dem Bagel stand eine Tasse Kaffee – er sah gefriergetrocknet aus, und an der Oberfläche sah man braune Flecke.

„Warum", sprach er weiter. „Du willst doch wissen, warum dir das widerfahren ist, oder?"

Ich nickte.

„Nun", sagte er, „es ist offensichtlich." Ich wartete gespannt auf die Folge, aber als er merkte, dass er meine ganze Aufmerksamkeit hatte, hielt er plötzlich inne. „Zumindest wird es das sein, wenn du bereit bist. Aber du bist noch nicht so weit."

„Was … meinst du?"

„Es geht um die Wahrheit, und du hast Angst vor der Wahrheit."

Ich saß da, kaute auf meinem Bagel herum und fragte mich, wovon zum Teufel er wohl sprach.

„Die Wahrheit", fuhr er fort. „Die reine Wahrheit, die ganze Wahrheit und nichts als die Wahrheit. Die Wahrheit wird dich befreien." Er hörte sich an wie ein Prediger. „Deswegen erzählen wir Geschichten, verstehst du das nicht? Was ist eine Geschichte schon anderes als eine goldene Lüge, die die Wahrheit entlarvt."

Ich konnte nicht antworten.

„Zumindest sollte sie das sein. Aber du rennst vor der Wahrheit davon. Und nun musst du dich umdrehen und ihr entgegenrennen. Suche sie! An dunklen Orten, wo es dich nicht hinzieht." Er machte endlich eine Pause, und ich dachte, der Vortrag sei damit beendet. Aber kurz darauf lächelte er.

„Sag mal", fuhr er fort, „habe ich dir jemals die Geschichte von der Suche nach der Wahrheit erzählt?"

Kapitel 5

Die Suche nach der Wahrheit

*E*s lebte einmal ein Mann, der sich auf die Suche nach der Wahrheit machte. Er reiste um die ganze Welt, um sie zu finden; sogar seinen ganzen Besitz, seine Familie und sein Zuhause gab er dafür auf.

Nach vielen Jahren des Umherreisens gelangte er schließlich nach Indien, wo man ihm von einem weit entfernten Berg erzählte. Auf der Bergspitze, so sagten die Leute, sei die Wahrheit zu Hause.

Er suchte monatelang, bis er den sagenumwobenen Berg fand. Er wanderte lange Tage den Berg hinauf, bis er schließlich an einem Höhleneingang ankam. Er rief hinein, und wenig später wurde sein Ruf von der Stimme einer alten Frau erwidert.

„Was willst du?"

„Ich suche nach der Wahrheit."

„Nun, du stehst vor ihr."

Er betrat die Höhle und sah am anderen Ende, über ein Feuer gekauert, die hässlichste Kreatur, die er jemals gesehen hatte. Ihre Augen quollen hervor, eines mehr als das andere, und ihr Gesicht war voller Pickel. Krumme Zähne standen aus ihrem Mund hervor, und ihr langes, verfilztes Haar hing in Strähnen herunter.

„Du?", sagte er. „Du bist die Wahrheit?"

Sie nickte.

Obwohl ihr Äußeres ihn abstieß, blieb er bei ihr, und es stellte sich heraus, dass sie tatsächlich die Wahrheit war. Er lebte einige Jahre dort und lernte viel von ihr. Als er sich zum Gehen aufmachen wollte, fragte er sie, was er für sie tun könne, um sich für all das zu bedanken.

„Ich würde dich nur um eines bitten", sagte sie. „Wenn du in die Welt zurückkehrst und über mich sprichst, dann sag bitte, dass ich jung und schön bin!"

Es gibt Geschichten, die einem regelrecht gut tun und einem das Gefühl geben, dass in der Welt alles in Ordnung ist. Andere bringen einen schlicht zum Lachen. Und dann gibt es die Geschichten, mit denen man nichts anzufangen weiß, sie schlängeln sich durch die Psyche wie eine Maus, die von einer Schlange verschluckt wird. So ging es mir mit *Die Suche nach der Wahrheit*. Ich wusste nicht, was ich damit anfangen sollte. Ich wusste nicht, was ich mit Lenny anfangen sollte. Genau genommen wusste ich an jenem Morgen, als ich die Küstenstraße von Santa Cruz in Richtung Berkley entlangfuhr, mit gar nichts etwas anzufangen.

Deswegen beschloss ich wieder einmal auf dem Highway 1 zu fahren, der sich zwischen steilen Felsen im Osten und dem stürmischen Pazifik im Westen an der kalifornischen Küste entlangschlängelt. Die Strecke ist zwar länger als jene, die ich am Abend davor gefahren war, aber dafür auch atemberaubend schön, und sie ist der perfekte Ort, um seinen Gedanken freien Lauf zu lassen.

Ich war diese Strecke schon oft gefahren, aber hatte mich immer noch nicht daran satt gesehen. Obwohl es an diesem Morgen nicht regnete, spürte ich, dass sich ein Unwetter zusammenbraute, denn ich fuhr gegen so starke Windböen, dass sich meine Scheibenwischer aufrichteten und wieder gegen die Windschutzscheibe geschmettert wurden. Auf einer vor mir liegenden Klippe sah ich eine kümmerliche Yucca-Palme, die um das pure Überleben kämpfte, und über ihr einen Kolibri, der abtauchte, wieder zurückkam und wieder abtauchte.

Ich dachte an die vielen anderen Male, die ich diese Straße entlanggefahren war, und an die Musik, die ich speziell für diese Fahrt immer einlegte – Keith Jarretts *The Köln Concert*. Ich suchte im Handschuhfach nach ihr und fand sie natürlich auch; sie war schon leicht mitgenommen, aber ich legte sie trotzdem ein. Ich schob sie in das Kassettendeck und hörte diese ersten, wunderschönen Akkorde auf dem Klavier.

Keith war nicht gut gealtert – an manchen Stellen war das Band wohl feucht geworden. Manche Stellen des Konzerts waren viel zu laut, während man andere kaum hörte. Aber ich ließ sie trotzdem laufen, während ich eine Brücke überquerte – über mir bedrohliche Wolken, unter mir der stürmende Ozean.

Ich dachte noch einmal an Lennys Geschichte und daran, wie er gelacht hatte, während er sie erzählte und dann auf die Tür zeigte, als ob er mich zum Gehen auffordern wollte: „Sag ihnen, dass ich jung und wunderschön bin." Er sagte es zweimal. Was sollte das heißen? Dass sogar die Wahrheit lügt? Oder dass sie wirklich schön war? Oder dass Lenny jung und schön war?

Ich war so in meine Gedanken vertieft, dass ich erst nach einiger Zeit bemerkte, dass Keith verstummt und nur noch ein quietschender Ton zu hören war, der sich anhörte wie eine Maus. Ich schaute nach unten und sah den Bandsalat aus dem Armaturenbrett hervorquellen. Das Kassettendeck hatte Keith gefressen und dann wieder ausgespuckt.

Zu einem anderen Zeitpunkt hätte ich mich fürchterlich darüber aufgeregt, aber ich hatte keine Energie mehr dazu. Stattdessen schaute ich zu, wie das Band herausquoll und sich auf meinen Füßen zu einem Berg auftürmte. Lenny, eine schlaflose Nacht, das Bar-Mizwa-Fest, die letzten Monate, das dröhnende Echo meiner eigenen Stimme, die in meinem Kopf widerhallte – mehr ging einfach nicht. Ich war kurz vor dem Explodieren.

Ich lenkte ein und stieg aus dem Auto aus, die Seeluft füllte meine Lungen. Weit unter mir schlugen die Wellen gegen die Felsen und bildeten einen sanften Sprühregen, der mein Gesicht bedeckte und irgendwie angenehm war. Ich musste mich öffnen, anders ging es nicht. Ich hatte keine außergewöhnliche Offenbarung gehabt. Aber irgendetwas in mir hatte sich verändert; ich hatte die Grenze zwischen Verwirrung und Verblüffung überschritten. Verblüffung ist ein tolles Gefühl – eine innere Verwirrung, die in eine Art Erstaunen gehüllt ist.

Ich ging über die Straße und marschierte einen Pfad hinunter, kam an kleinen Tümpeln vorbei, wie sie sich zwischen den Wellen und den Felsen bilden. Seemöwen kreisten hoch über mir. Ich entdeckte eine dunkle Stelle, ungefähr zwanzig Fuß höher an der Felswand, wo unverdrossene Eispflanzen herunterhingen. Ich stieg die Felsen hinauf und fand den Eingang zu einer Höhle, die größer war, als es von unten den Anschein gehabt hatte, gerade so groß, dass ich aufrecht hineingehen konnte. Es ging ein Stück nach hinten und dann nach rechts. Dort schwanden die Geräusche des Windes und des Ozeans, und nach wenigen weiteren Schritten herrschte komplette Stille. Ganz hinten fand ich ein trockenes Fleckchen mit einem herausragenden Felsen, der als Bank dienen konnte. Ich setzte mich. Genau so etwas hatte ich gesucht.

„Gut", sagte ich mir, „ich bin bereit."

Wozu, wusste ich auch nicht. Aber es sah fast so aus, als hätte mich dieser Ort magisch angezogen. Außerdem war es auch egal, schließlich passierten in Höhlen immer wundervolle Dinge. Der Mann in der Geschichte hatte sich in eine Höhle begeben, um die Wahrheit zu finden, und hatte sie gefunden. Leute verstecken sich in Höhlen. Ich dachte an eine Geschichte aus der Bibel über David, die ich als Kind einmal gehört hatte. Er flüchtete vor König Sauls Soldaten, die ihn töten sollten. Die Wege führten ihn nach En Gedi, der paradiesisch schönen Oase unweit des Toten Meeres.

Er rannte um sein Leben und flüchtete sich in eine Höhle – gerade tief genug, um sich darin verstecken zu können; etwas Besseres fand er auf die Schnelle nicht. Während er dort im Dunkeln lag, sah er am Höhleneingang eine kleine Spinne. Einen Augenblick lang vergaß er die Soldaten und schaute der Spinne zu, wie sie ihr Netz über dem Höhleneingang webte. Als die Soldaten des Königs einige Minuten später vorbeikamen, drückte sich David gegen die Wand und hielt seinen Atem an, denn sie standen vor der Höhle und unterhielten sich.

„Er kann nur da drin sein! Hast du schon nachgeschaut?"

„Das kann ich mir nicht vorstellen. Sieh doch – da ist ein Spinnennetz vor dem Eingang – er hätte es beim Reingehen zerstört."

Die Soldaten zogen weiter, und David verweilte in vollkommener Stille. Genau dann geschah es – er hörte eine leise, feine Stimme. Es war die Stimme Gottes – nicht das dröhnende Geräusch, das man hört, wenn ein Blitz einschlägt und die Wolken aufreißen – nein, die, die man nur in vollkommener Stille hören kann. Sie versprach ihm, dass Gott immer mit ihm sein werde. Es war diese Stimme, die ihn durch sein ganzes Leben leitete, ihn für seine Psalmen inspirierte und ihm den Weg wies, wenn er verloren war.

Auch ich wollte diese Stimme hören. Diese stille, ruhige Stimme. Ich wünschte mir, dass sie mir die Botschaft überbrachte, die mir bislang entgangen war; Lennys Nachricht war mir einfach zu simpel. Nur ein einziges wahres Wort. Egal was. Wenn auch nur ein „Hallo".

Okay, dachte ich wieder. *Ich bin bereit.*

Ich strengte meine Ohren an, machte den Mund zu und war ganz leise. Irgendwo tiefer in der Höhle hörte ich Wassertropfen. Dann war es wieder still. Bald hörte ich Stimmen in mir, die üblichen kommentierenden und kritisierenden Stimmen; ich drängte sie zurück, damit sie die stille, zarte Stimme, die ich so verzweifelt hören wollte, nicht übertönten.

Ich saß lange so da und spürte mein Herz schlagen. Hin und wieder hörte ich Wassertropfen, ansonsten nur grenzenlose Stille.

Die ersehnte Stimme kam an dem Tag nicht in die Höhle. Ich ging wieder hinaus, dem blendenden Licht entgegen, und als ich mich auf den Weg zum Auto machte, regnete es wieder.

Ich kam zu Hause an und erwartete schon, dass Taly sehr böse auf mich sein würde – sie hatte auch das Recht dazu, schließlich

hatte ich sie am Tag zuvor erst sehr spät angerufen, um ihr mitzuteilen, wo ich steckte. Sie trainierte auf dem Laufband, das
besonders schnell eingestellt war. Sie lief und las mir gleichzeitig die Leviten – es war eine fantasievolle Beschreibung ihrer
Panik in den detaillierten Bildern, die ihr gestern durch den
Kopf geschossen waren, so zum Beispiel mein toter Körper in
einer trüben Wasserlache am Straßenrand.

Nach den Leviten kam die Erleichterung. Sie seufzte lang
und tief und schüttelte ihren Kopf dabei.

„Joel", sagte sie schließlich. „Als ich letzte Nacht im Bett lag
und auf dich wartete, ist mir etwas aufgegangen. Monatelang
habe ich gegen alle Hoffnung darauf gewartet, dass deine
Stimme zurückkehren würde. Aber ich kann das nicht mehr."
Sie drückte auf Pause, und das Laufband stoppte. „Ich liebe
dich, die Kinder lieben dich, aber wir müssen jetzt weiterma-
chen, auch ohne deine Stimme."

Talys Worte waren nicht die, die ich hören wollte. Nein, was
ich hören wollte, war diese stille, zarte Stimme, und ich würde
nicht aufgeben, nach ihr zu suchen. Ich verbrachte meine Tage
damit, nach Zeichen zu suchen. Ich ließ mir die Haare schneiden und hörte aufmerksam dem Friseur zu – war er der Bot-
schafter? Ich suchte in den Wolken nach Zeichen und in den
Schatten nach Omen. Ich kaufte einmal die Woche Lotto-
scheine, denn ich fand, dass ich bereits genug Pech gehabt
hatte, irgendwann musste ich doch auch auf Glück stoßen.
Ich schlug die Zeitung wahllos auf, schloss die Augen und
zeigte auf ein Wort, in der Hoffnung, mir würde ein Licht auf-
gehen.

Ich trug mein Glückssweatshirt. Wo immer ich auch hin-
ging, suchte ich nach Omen. Kolibris, wie ich sie auch auf dem
Highway 1 gesehen hatte, waren schon immer als Talisman ge-
nutzt worden, und so wertete ich es als ein gutes Zeichen, wenn
ich welche sah.

Dann, eines Nachts, etwa eine Woche später, wurde es mir schlicht zu blöd, immer nur zu warten. Taly und die Kinder waren eingeschlafen, und ich hatte das Gefühl, jeden Augenblick zu explodieren, wenn ich nicht etwas unternehmen würde. In der Küche fand ich einen riesigen Geschirrberg vor: etwas, woran ich mich zu schaffen machen konnte, auch wenn ich es eigentlich hasste. Ich machte mich an die Arbeit. Zunächst fing ich mit den leichteren Gegenständen an – mit den Gläsern und Tellern – und arbeitete mich dann langsam zu den anspruchsvolleren durch, den Pfannen und Töpfen. Ich füllte das Spülbecken mit Wasser und Seife und dachte noch einmal über meinen Besuch bei Lenny nach.

Die Wahrheit. Er hatte gesagt, dass ich vor der Wahrheit davonrennen würde. Dass ich mich umdrehen und ihr ins Gesicht sehen sollte. Nun gut, aber was war die Wahrheit, die angeblich so jung und schön war, fragte ich mich, während ich etwas Schwarzes von einer Backform kratzte. Nun, die Wahrheit war, dass ich keine Stimme mehr hatte. Taly hatte Recht. Der Nerv, der meine Stimmbänder stimuliert hatte, stand nicht unter Schock, sondern war tot. Seit der Operation waren fast vier Monate vergangen; er würde nicht wieder aufwachen. Das Fenster dieser Gelegenheit war geschlossen.

Das war die Wahrheit, schlicht und einfach und alles andere als schön. Ich schrubbte eine Bratpfanne, die, soweit ich mich erinnern konnte, nie richtig sauber gewesen war. Ohne meine Stimme waren die Zeiten des Geschichtenerzählens vorbei. Es führte kein Weg daran vorbei. Es war schon fast komisch; ich hatte mir aus dem, was das Leben mir in Form von Geschichten gegeben hat, eine Karriere aufgebaut, wie ein Jongleur, der Teller auf einem Stock jongliert. Aber jetzt, da ich aufgehört hatte, stürzte alles herab und landete in diesem Spülbecken voller Geschirr. Ohne meine Stimme konnte ich genauso wenig Geschichten erzählen, wie die Müllerstochter in *Rumpelstilzchen* aus Stroh Gold spinnen konnte.

Die Welt zu bereisen und Geschichten zu erzählen, war ein Traum gewesen, den ich fast zwanzig Jahre lang gelebt habe. Er hatte seine Zeit gedauert, und jetzt war alles vorbei, ähnlich wie das Violinespielen bei meinem Vater und der Journalismus bei meiner Mutter. Ich hatte einmal gelesen, dass das mittlere Alter dann erreicht ist, wenn man keine Angst mehr davor hat, wie seine Eltern zu werden, und feststellt, dass man bereits wie sie geworden ist. In dem Augenblick, als ich über das Spülbecken gebeugt war, hatte ich dieses Alter erreicht.

Ich machte Talys gelbe Teekanne sauber, obwohl das überhaupt nicht nötig war, und dachte über meinen High-School-Abschlussfeier nach. Ich erinnerte mich, wie die Abschlussrednerin mit Tränen in den Augen vor unserer Klasse stand und sagte: „Das waren die besten Jahre unseres Lebens."

„Gott bewahre", sagte ich mir damals. Die Vorstellung, dass es nach den Highschool-Jahren mit dem Leben bergab gehen sollte, ließ mich erschaudern. Sie hatte sich getäuscht; das Leben war danach viel besser geworden. Jetzt allerdings schien es deutlich abwärts zu gehen. Ich war nicht mehr der großartige oder zumindest der gute Vater, der ich einst sein wollte. Ich war launisch und ungeduldig, ähnlich wie mein Vater, wenn er krank war. Ich hatte ein so schlechtes Gewissen, dass ich mich schmutzig fühlte, und so schrubbte ich die Herdplatten.

Ich vernachlässigte nicht nur die Kinder, sondern auch Taly. Ich dachte an unsere Hochzeit zurück. Es war eine traditionelle jüdische Zeremonie gewesen. Der Rabbi hatte am Ende ein Weinglas in eine Serviette gewickelt. „Das soll euch daran erinnern, dass ihr euch gegenseitig achten sollt." Er stellte es auf den Boden. „Manche Dinge im Leben sind zerbrechlich, wie dieses Glas. Ihr sollt wissen, dass man manches Zerbrochene nicht wieder zusammenfügen kann." Ich hatte das Glas zertreten, und alle hatten „Mazel Tov!" gerufen. Und nun, nicht ganz zehn Jahre später, war unser Glas zu Bruch gegangen.

Das war die Wahrheit, schlicht und einfach, ich hatte die Augen fest davor verschlossen gehabt. Und es war überhaupt gar nichts schön daran. Genau genommen war sie alt und hässlich, und je länger ich hinschaute, desto hässlicher wurde sie.

Allerdings, je länger ich mich mit der Wahrheit beschäftigte, desto sauberer wurde das Geschirr. Ich drehte das Wasser so heiß, dass ich es gerade noch ertragen konnte, und musste dabei an eine Zen-Geschichte denken, die ich schon einige Male gehört, aber nie verstanden hatte. Ein Schüler besucht einen großen Zen Lehrmeister, um die Erleuchtung zu finden. Er weiß, dass er der Tradition zufolge dem Meister das erste Wort lassen muss. Der aber macht keine Anstalten zu sprechen. Sie sitzen lange still da. Später bietet der Meister ihm eine Schüssel Reis an, und sie essen in aller Stille. Schließlich spricht der Meister.

„Bist du mit dem Essen fertig?"

„Ja", antwortet der Schüler.

„Dann spüle jetzt deine Schüssel aus."

Und das war es. Ich hatte diese Geschichte schon immer unbefriedigend gefunden, aber nun, als ich das Spülbecken säuberte, ergab sie auf einmal einen Sinn. Manchmal kann man nichts weiter tun, als Geschirr zu spülen.

Ganz einfach. Wir suchen nach Pauken und Trompeten, aber wenn man sich der Wahrheit nähert, ist es manchmal ganz einfach.

Jahre zuvor war ich durch Alaska gereist und habe dort Geschichten erzählt; ich war beeindruckt, als ich einen Gletscher bestieg. Ich hatte mir unter einem Gletscher noch nie so richtig etwas vorstellen können – riesige, gefrorene Flüsse, die alles bloßlegen, auch den härtesten Stein. Das ist Wahrheit, der Stein unter dem Eis.

Und noch etwas ging aus der Zen-Geschichte hervor, eine Art Endgültigkeit. Schluss. Aus. Ende.

„Dein Hut?", sagte Lenny, als ich ihn ihm reichte. Es dauerte eine Weile, bis er ihn wiedererkannte.

„Den habe ich dir gegeben. Und nun gibst du ihn mir zurück? Warum?"

Ich seufzte. „Es ist vorbei ..."

Es war ein später Samstagmorgen im November, und die Luft war kalt und frostig. Ich stand auf der Veranda, sah meinen Atem und wartete seine Reaktion ab.

Er schaute sich den Hut genau an, der über die Jahre von Anthrazit zu Aschgrau verblichen war und einen dunklen Streifen aufwies, wo sich das Band gelöst hatte. Innen war das Leder abgetragen und das Seidenfutter zerrissen. Er drehte ihn um und hielt ihn, als prüfe er sein Gewicht, dann winkte er mich hinein.

Ich nahm in dem tiefen Armsessel vor dem Ofen Platz und erzählte ihm, was sich seit unserer letzten Zusammenkunft Wochen zuvor ereignet hatte; ich erzählte von der Höhle und vom Geschirr. Als ich fertig war, sah er sich den Hut noch einmal an.

„Du willst ihn also zurückgeben, stimmt's?"

Ich nickte.

„Bist du dir sicher?" Er hielt ihn mir entgegen, aber ich nahm ihn nicht.

„Gut, und jetzt?"

Ich wusste es nicht. Ich vermisste den Hut jetzt schon. Er hatte mich auf so vielen Reisen begleitet; er war wie ein alter Freund. Ich machte eine leichte Vorwärtsbewegung, aber Lenny zog ihn zurück.

„Nichts ist bedrückender als eine Lüge", sagte er. „Und du schleppst das nun schon lange genug mit dir rum." Ich nickte. „Du akzeptierst endlich, dass die Tage des Geschichtenerzählens vorbei sind, ja?"

Obwohl ich es mir selbst schon eingestanden hatte, tat es weh, die Worte aus seinem Munde zu hören. „Das Leben geht weiter, stimmt's?"

Ich nickte wieder.

„Gut", sagte er. „Jetzt kannst du loslegen."

„Womit?"

„Mit dem Geschichtenerzählen." Das ergab keinen Sinn, aber er schien sich seiner Sache sicher.

„Aber …"

„Aber was?"

„Ich kann … nicht sprechen."

„Ich weiß", sagte er. „Beim Geschichtenerzählen geht es auch nicht um Wörter, die man ausspricht. Wenn du eine Geschichte in dir hast und dein Herz öffnest, dann wirst du selbst zu einem Medium – die Geschichte fließt durch dich hindurch. „Was die Wörter angeht", sagte er mit einer beschwichtigenden Handbewegung, „sie sind Nebensache."

Ich starrte ihn an. Das war Blödsinn. „Das ist … lächerlich", brachte ich hervor.

„Gut", erwiderte er. Ohne noch etwas zu sagen, stand er auf und ging in die Küche.

Ich saß einige Minuten dort und wusste nicht, ob ich bleiben oder gehen sollte. War's das? Hatte er für den Rest des Tages genug? Ich versuchte Küchengeräusche auszumachen, hörte aber nichts. Ich war gerade im Begriff zu gehen, als er aus der Küche rief.

„Weil deine Verwirrung alles ist, was dir bleibt", sagte er und schien damit eine Frage zu beantworten, die ich nicht gestellt hatte. Kurz darauf erschien er wieder mit einem Tablett, auf dem eine blau-weiße Teekanne, eine Tasse und einen Unterteller standen. Auch sein pinkfarbenes Weinglas hatte er darauf abgestellt; es war mit Wasser gefüllt. Er stellte das Glas gegenüber von sich auf den Tisch und gab mir die Tasse und die Untertasse. Ohne zu reden, schenkte er mir langsam und mit Bedacht einen dunklen, braunen Tee ein. Als er den Tee bis zum Tassenrand auffüllte, bemerkte ich, dass seine Hand leicht gelähmt war. Er hörte nicht auf, schenkte weiter und weiter ein, die Tasse und die Untertasse liefen über.

Ich gab ihm Zeichen, zeigte auf die Tasse, aber er hörte nicht auf.

Der Tee floss über die Untertasse auf den Tisch und schließlich auf den Steinboden.

„Lenny!", versuchte ich zu schreien, aber meine Stimme brach und verstummte.

Immer noch Tee einschenkend sagte er: „Wie willst du etwas lernen, wenn dein Kopf schon voll ist?"

Dann verstand ich. Es war wieder eine Geschichte, eine, die er mir Jahre zuvor erzählt hatte, über einen westlichen Philosophen, der einen Zen-Meister aufsuchte und ihn bat, ihm Zen zu erklären. Der Meister antwortete mit den gleichen Worten, mit denen Lenny mir geantwortet hatte.

„Schon als wir uns das erste Mal begegnet sind, sagte ich dir", fuhr Lenny fort und ließ sich von dem sich auf dem Boden verteilenden Tee nicht aus dem Konzept bringen, „dass du deine Zeit nicht damit verschwenden sollst, nach Antworten zu suchen." Er stellte die Teekanne ab und zündet seine erloschene Zigarre wieder an.

„Ich habe die Erfahrung gemacht, dass die Antworten kommen, wenn die Zeit reif ist. Je schwieriger die Frage, desto einfacher die Antwort. Deine Frage lässt sich vielleicht mit nur einem Wort beantworten."

„Aber es bringt nichts, sie erraten zu wollen. Die Antwort hätte dann keine Bedeutung mehr. Du musst zunächst die Frage voll ausschöpfen: ‚Warum hast du deine Stimme verloren?' Er lächelte. „Behandle sie wie ... ein Rätsel."

Lenny hatte schon immer eine Schwäche für Rätsel gehabt, er nannte sie „nackte Geschichten", und er pflegte so lange an einem Rätsel zu knobeln, wie ein Hund einen Knochen bearbeitet. „Im Kern einer jeden Geschichte gibt es ein Rätsel." Ich erinnerte mich, wie er mich damit überfiel, wenn ich ihn besuchte, seltsame Rätsel, die keinen Sinn ergaben. „Was ist grün, hängt an der Wand und pfeift?", hatte er einmal gefragt. Ich hatte ernsthaft darüber nachgedacht, aber dann doch aufgegeben.

„Was, du gibst auf?", sagte er. „Ein Hering."

„Aber ein Hering ist nicht grün."

„Na und, man könnte ihn doch grün anmalen."

„Und ein Hering hängt nicht an der Wand."

„Man könnte ihn aber aufhängen."

„Aber ein Hering pfeift nicht."

„Ha!", rief er und freute sich. „Das habe ich dazu erfunden, damit es schwieriger wird."

Die Rätsel waren absurd, aber ich fand sie witzig. Und nun fing das wieder an, er sprach in Rätseln, als ginge es um etwas besonders Bedeutungsvolles.

„So funktioniert das", er schwenkte das Wasser in seinem Weinglas. „Gewöhnlich ist die Antwort genau vor deiner Nase, aber sie ist so offensichtlich, dass du sie nicht siehst. Und du wirst sie auch nicht sehen, solange du in die Frage verstrickt bist." Er stieß Rauch aus. „Und bis dahin greifst du nur in den Sand."

„Sand?" Ich konnte ihm nicht folgen.

Er nickte. „Wie der Grenzwächter. Kennst du die Geschichte?"

Kapitel 6

Der Grenzwächter

*E*s lebte einmal ein Schweizer Grenzwächter, der an der Grenze zu Österreich arbeitete. Er hatte seinen Beruf lange Jahre ausgeübt und war sehr stolz auf seine Arbeit.

Eines Tages kam ein Österreicher auf dem Fahrrad an die Grenze. Am Lenkrad hatte er einen Fahrradkorb voller Sand befestigt. Jeder andere Grenzwächter hätte ihn durchgewunken, nicht so unser Schweizer Grenzwächter. Er zauberte einen Kamm hervor, den er für genau solche Anlässe aufgehoben hatte, und durchkämmte den Sand. Denn er verdächtigte den Österreicher, ein Schmuggler zu sein. Nachdem er im Sand aber nichts fand, ließ er den Mann durch.

Das Gleiche wiederholte sich am darauf folgenden Tag und am Tag danach. Er fand nie etwas, und doch ließ er es sich nicht nehmen, den Sand aufs Genaueste zu untersuchen, Tag für Tag, dreißig Jahre lang. Eines Tages sprach der Schweizer Grenzbeamte den Österreicher an: „Erlauben Sie mir, eine Frage zu stellen, die mich schon lange verfolgt", sagte er. „Heute ist mein letzter Arbeitstag, ich werde dann in den Ruhestand gehen. Die ganzen Jahre über habe ich Sie für einen Schmuggler gehalten. Bitte, ich muss es einfach wissen, und deshalb frage ich Sie: Sind Sie ein Schmuggler?"

Der Österreicher zögerte, woraufhin der Schweizer Grenzbeamte ihm versicherte: „Machen Sie sich keine Sorgen – ich gebe Ihnen mein Wort, dass ich Sie nicht verfolgen lassen werde. Aber ich will die Wahrheit wissen."

„Nun gut", sagte der Österreicher. „Dann sage ich es Ihnen – ich bin in der Tat ein Schmuggler."

„Aha!", sagte der Wächter. „Wusste ich es doch! Aber ich habe Ihren Fahrradkorb jeden Tag durchsucht und nie etwas gefunden außer Sand. Was haben Sie denn geschmuggelt?"

„Fahrräder."

„DAS IST DAS SCHWERSTE überhaupt", sagte Lenny, während er auf und ab ging und seine Zigarre unruhig hin und her bewegte. „Das Richtige zu erkennen, wenn es genau vor dir steht. Ich habe weiß Gott mein ganzes Leben nach der Erleuchtung gesucht, auf Bergspitzen zum Beispiel, und jetzt bin ich doch wieder genau dort, wo alles angefangen hat. Der Kreis schließt sich." Um diese Aussage zu unterstreichen, versuchte er einen Rauchring in die Luft zu blasen, was allerdings misslang.

„Sag mal", fuhr er fort, „weißt du, weshalb man ausgerechnet Michelangelo als Maler für die Sixtinische Kapelle auserkoren hat?" Ich hatte keine Ahnung. „Er hat einen Wettbewerb gewonnen. Der Papst hatte damals beschlossen, dass die Decke der Kapelle von dem besten Künstler bemalt werden sollte. Vergiss nicht, dass sich das in der Renaissance abspielte; damals gab es einige hervorragende Künstler – Botticelli, Donatello, Leonardo. Er sandte Bischöfe aus, die ihm Musterstücke der besten Werke verschiedener Künstler mitbringen sollten. Eines Tages klopften sie an die Tür des berühmten Michelangelo. Er hätte ihnen jedes seiner Werke mitgeben können, sie waren allesamt wunderschön. Aber als er hörte, was sie wollten, nahm er eine große, leere Leinwand und ein Stück Kohle zur Hand. Während sie zuschauten, malte er einen großen Kreis auf die Leinwand und gab sie dann den Bischöfen.

Sie wussten nicht so richtig, was sie damit anfangen sollten, aber sie brachten es dem Papst, zusammen mit den anderen Werken. Dieser schaute sich alle Kunstwerke wieder und wieder an, aber fühlte sich doch zu dem Kreis hingezogen – er hatte etwas Außergewöhnliches. Er maß ihn ab und stellte zu seiner großen Verwunderung fest, dass er perfekt war. Ganz und gar perfekt.

Das ist das Leben – ein perfekter Kreis, den wir im Laufe der Zeit immer wieder auf eine Leinwand malen müssen. Es gibt nichts Schwereres und nichts Leichteres. Man fängt an einem Punkt an, macht einen Kreis und gelangt später wieder an den gleichen Punkt." Mit seinem rechten Zeigefinger zeichnete er langsam einen Kreis in die Luft.

„Am schwierigsten ist es, wenn man sich in der Mitte befindet. Man weiß nicht, was man machen, in welche Richtung man gehen soll, vorwärts oder rückwärts. Wie der, der über einen Fluss schwimmt – er schwimmt bis zur Hälfte und findet es dann doch zu weit, also schwimmt er zurück. Aber im Leben gibt es kein Zurück."

Er machte die Ofentür auf, und ich spürte auf einmal die Wärme des Feuers. Er nahm den Schürhaken und stocherte in den Holzscheiten. Ich dachte, er wolle noch etwas Holz nachlegen; stattdessen beugte er sich über den Tisch, griff nach dem Hut und warf ihn in den Ofen. Ich zuckte und beugte mich spontan vor, als wollte ich ihn in letzter Sekunde davon abhalten, aber dann ließ ich es doch bleiben. Mit dem Schürhaken schob er ihn weiter hinein.

Ich saß wie versteinert da und sah zu, wie mein Hut von den Flammen aufgefressen wurde. Langsam loderte er auf und verströmte einen blauen Dunst, bis er vollkommen verbrannte.

Ich schaute mir das Spektakel einige Minuten an, dann blickte ich zu Lenny, der so traurig in die Flammen starrte, wie ich mich fühlte.

„Loslassen können", sagte er sanft. „Das ist das Leben. Wir kommen mit geballten Fäusten auf die Welt, die wir fest zuhalten. Aber wir sterben mit offenen Händen." Er streckte seine rechte Hand aus, die Handinnenfläche hielt er nach oben. „Wenn wir sterben, muss das klappen, bis dahin müssen wir jeden Tag ein bisschen üben."

Still saßen wir da und schauten gebannt in den Ofen, vom Hut war nichts mehr zu sehen. „Sag mal", fing er an, „hast du jemals die Geschichte von Cortés gehört und davon, was er als Erstes tat, als er in der Neuen Welt ankam?"

Immer noch auf die Stelle starrend, wo mein Hut gewesen

war, war ich fast zu verwirrt, um antworten zu können. Aber ich kannte die Geschichte – ich hatte sie oft erzählt.

„Er verbrannte alle seine Schiffe, jedes einzelne", sagte Lenny. „Und weißt du warum?"

Ich nickte und war froh, wenigstens die Antwort auf eine Frage zu kennen.

„Damit … seine Männer … nicht wieder zurückkehren … konnten."

Er sah zutiefst schockiert aus. Ich dachte schon, er würde einen zweiten Herzinfarkt erleiden, aber dann schüttelte er nur den Kopf. Er seufzte, und der Schock wich der Enttäuschung.

„Was denn …", setzte ich an.

„Mach das nie wieder", unterbrach er mich.

„Was … ist …?"

„Auch wenn du eine Geschichte schon tausend Mal gehört hast, solltest du nie behaupten, dass du sie kennst. Und du solltest *nie* das Ende verraten."

Ich nickte, auch wenn ich immer noch nicht verstand.

„Denn man kann nie wissen, wie eine Geschichte endet. Und du weißt nicht, was du dadurch verpassen könntest."

„So", sagte er, „du hast meine Frage noch immer nicht beantwortet. Wirst du es tun?"

„Was?"

„Nicht was, *warum*. Weißt du, *warum* du Geschichten erzählen möchtest?"

Ich starrte ihn an, ohne die geringste Ahnung zu haben, wovon er sprach. Ich hatte nichts davon gesagt, dass ich Geschichten erzählen wollte. Dann verstand ich. Er spielte auf den Nachmittag vor fast zwanzig Jahren an, als ich zum ersten Mal an seine Tür geklopft hatte. Er tat gerade so, als wäre es eben passiert.

„Denn ohne Antwort geht es nicht weiter", sagte er. „Komm wieder, wenn du eine hast."

…

Lenny hatte mich mal wieder vollkommen aus dem Konzept gebracht. Ich hatte ihn aufgesucht, um ihm mitzuteilen, dass es mit dem Geschichtenerzählen vorbei war, und er wusste nichts weiter darauf zu antworten, als dass dies der Anfang war. Ich war mit einer Antwort zu ihm gekommen, und er hatte mir eine weitere Frage gestellt, eine aus vergangenen Zeiten.

Warum *hatte* ich Geschichten erzählen wollen? Ich versuchte mich daran zu erinnern. Diese Frage war mir zuvor dutzende Male gestellt worden, zum Beispiel vom Publikum, von Reportern und Leuten, die ich kennen gelernt habe und die herausfanden, dass ich Geschichtenerzähler war. Ich hatte dementsprechend dutzende von Antworten parat, aber sie schienen mir jetzt alle falsch und oberflächlich.

Die Wahrheit war, dass ich, seitdem ich denken konnte, Geschichten erzählt habe, angefangen mit denen für meine Mutter. Davor gab es auch schon Geschichten, aber ich hatte sie nie hören wollen. Sie kamen von meiner Großmutter, einer großen, blassen Frau mit weißen Haaren und einem Gesichtsausdruck, von dem die reine, pure Angst abzulesen war. An manchen Morgen schlief sie auf der Rasenmatte auf der Vorderveranda unseres Hauses, neben ihr ein Teller Plinsen. Sie sah dort so friedvoll aus; sie hatte immer das gleiche Kleid an, braun mit weißem Punktmuster, das ihren aufgeblähten Körper umhüllte, daneben lag die zusammengefaltete Brille. Wenn wir in die Schule gingen, mussten wir über ihren Körper steigen, ganz vorsichtig, um sie nicht aufzuwecken, denn sonst hätte sie geschrien.

„Wo ist euer Vater? Die Gasmänner! Tut etwas! Sie verfolgen mich! Sie bewerfen mich mit Gas!"

„Großmutter, es gibt keine Gasmänner", antworteten wir dann. „So etwas gibt es nicht!"

„Sie verfolgen mich! Sie bewerfen mich mit Gas!"

Wir versuchten sie zur Vernunft zu bringen. „Gas kann man nicht *werfen*."

„Pssst", antwortete sie dann. „Wo ist euer Vater?"

Seitdem sie Polen im jugendlichen Alter verlassen hatte, waren ihre Haare weiß. Davor waren sie blond gewesen. Aber an jenem Tag war irgendetwas auf dem Krakauer Bahnhof passiert, sagte mein Vater. Er wusste nicht genau, was es war, nur dass zwei Kosaken und Geld im Spiel waren und dass sie nur knapp mit dem Leben davon gekommen war. Angeblich war sie am nächsten Morgen im Zug aufgewacht und hatte weiße Haare gehabt. Die Haarfarbe – und die Angst – blieben ihr bis ans Lebensende erhalten. Zweimal hatte man sie ins Irrenhaus gebracht, in Cleveland und in Chicago, und zweimal war sie entflohen, um meinen Eltern nach Kalifornien zu folgen. Sie fürchtete sehr um ihr Leben, und um das meines Vaters noch viel mehr. Sie war fest davon überzeugt, dass ihr Essen ihn vor allem Übel bewahren würde. Deswegen brachte sie auch die Plinsen mit, in der felsenfesten Überzeugung, dass meine Mutter meinen Vater vergiften wollte.

Für meine Brüder und mich war die Geschichte mit der Vergiftung unbegreiflich. Meine Mutter würde nie jemandem etwas zu Leide tun und unter keinen Umständen etwas Böses zu jemandem sagen. Die Vorstellung, dass sie einen Menschen vergiften würde, war lächerlich oder wäre es gewesen, wenn meine Großmutter nicht so fest daran geglaubt hätte. Sie rief uns an, manchmal zehn bis fünfzehn Mal am Tag. Ging meine Mutter dran, so legte sie auf, waren es meine Brüder oder ich, so kreischte sie wie verrückt.

„Eure Mutter ist eine Mörderin! Sie bringt meinen Bobby um!" Dann fing sie zu weinen an und wir standen hilflos da, den Hörer in der Hand, und wussten nicht, wie wir reagieren sollten.

„Legt dann einfach auf", erklärte mein Vater. „Sie ist krank. Einfach auflegen. Und vergesst bitte nicht, dass ihr unter keinen Umständen erzählen sollt, was sich bei uns gerade ereignet und wo ich arbeite."

Jedes Mal, wenn mein Vater einen neuen Arbeitsplatz hatte, fand sie heraus, wo er arbeitete. Dann rief sie seinen Vorgesetzten an und erzählte ihm von den Vergiftungsplänen meiner Mutter und den Gasmännern. Sie belästigte ihn so lange, bis mein Vater schließlich gefeuert wurde.

Sie war nicht immer verrückt gewesen. Es gab Augenblicke, da war sie vernünftig und nett, ja sogar großmütterlich gewesen. Sie sprach dann nicht von Gasmännern, sondern empfing uns in ihrer Wohnung, wo wir auf ihrer blauen, samtblauen Couch saßen und ihre hausgemachten Plinsen mit saurer Sahne und Erdbeermarmelade aßen. Ich versuchte zu ignorieren, dass sie nicht ganz normal war, denn ich wollte sie unbedingt gern haben und versuchte nur an ihre Plinsen zu denken, auf die ich mich immer ganz besonders freute. An einem Abend aber – wir wollten sie in ihrer Wohnung besuchen – schien etwas faul an ihnen zu sein. Mein Vater roch daran und schrie wie wild.

„Mama, was machst du nur?" Er tobte vor Wut. „Mottenkugeln! Du hast Mottenkugeln in die Plinsen gegeben! Willst du uns töten?" Sie sagte nichts und stand nur da, zitternd vor Angst.

Das waren also die ersten Geschichten, die ich zu hören bekam – verrückte Geschichten über Gasmänner, Vergiftungen und über den Tod, in Wahnsinn und Mottenkugeln verpackte Erinnerungen.

Kapitel 7
Die Verabredung

*E*s lebte einmal ein Kaufmann in Bagdad, der seinen Diener zum Marktplatz schickte, um verschiedene Dinge einzukaufen. Während er auf dem Markt war und alles besorgte, bemerkte er plötzlich, dass der Tod ihn anstarrte und auf ihn zeigte.

Angsterfüllt hastete der Diener zu seinem Meister zurück.

„Meister!", flehte er. „Ihr müsst mir helfen! Ich habe den Tod auf dem Marktplatz gesehen; er starrte mich an! Was soll ich nur tun?"

Der Meister überlegte schnell.

„Nimm mein Pferd und reite so schnell du nur kannst in die Stadt Samarra. Du wirst bei Anbruch der Nacht ankommen und kannst dich dort verstecken; der Tod wird dich nicht finden."

Der Diener tat, wie ihm befohlen wurde, während der Händler sich zum Marktplatz begab, um den Tod zur Rede zu stellen.

„Was soll das bedeuten?", fragte der Kaufmann, als er den Tod fand. „Warum jagst du meinem Diener eine solche Angst ein?"

„Das wollte ich gar nicht", erwiderte der Tod. „Ehrlich gesagt, hat er mich überrascht. Ich war sehr erstaunt, ihn in Bagdad zu treffen, wusste ich doch nur zu gut, dass wir heute Abend eine Verabredung in Samarra haben."

„BEI DIR IST DAS ganz genau so" sagte Lenny, als er zu Ende erzählt hatte. „Hört sich ganz so an, als ob du eine Verabredung mit deiner Großmutter hättest."

Es war ein sonniger Tag, und wir spazierten durch den Wald zu einem Bach in der Nähe seiner Hütte. Er hinkte, musste sich stark auf seinen Gehstock stützen und kam deswegen nur langsam voran. Ich hatte ihm von meiner Großmutter und den Gasmännern erzählt, von den Geschichten, die ich zu verdrängen versucht hatte. Meine Geschichte schien ihn aufzuwühlen und er hatte daraufhin die Geschichte vom Tod und dem Gespräch mit den Dämonen erzählt. „Am Ende holt dich der Tod sowieso ein, und bis dahin wirst du unerbittlich von Dämonen verfolgt. Sie werden dich aufstöbern, wo immer du auch sein und was immer du auch tun magst. Wenn sie dich erst einmal gefunden haben, lassen sie nicht mehr locker, bis du dich umdrehst und ihnen ins Gesicht blickst. Deswegen hatte Cortés auch seine Schiffe niederbrennen lassen – kennst du die Geschichte?"

Ich hätte niemals gewagt „ja" zu sagen.

Lenny fuhr fort: „Ja, anscheinend hat Cortés bei seiner Ankunft in der Neuen Welt erst einmal alle Schiffe verbrennen lassen – alle, auch das Allerletzte. Und weißt du warum?"

Ich schüttelte den Kopf.

„Ich sage dir warum. Auf diese Weise hatten er und seine Männer gar keine andere Wahl, als sich den Dämonen zu stellen!" Er sperrte seine Augen auf und grinste breit. „Dämonen!", wiederholte er und formte seine Finger zu Krallen. „Sie jagen uns und machen sich über uns lustig, während wir uns durch das Leben kämpfen. Sie verfolgen uns, und je schneller wir rennen, desto kräftiger lachen sie."

Er machte einen Buckel, verzog sein Gesicht und kam schreiend auf mich zu: „,Du bist ein Nichtsnutz!' sagen sie. ,Wertlos! Ein Geschichtenerzähler, der nicht einmal sprechen kann!'" Er drehte sich zur Seite, seine Augen weit aufgerissen, und schrie, was die Lungen hergaben: „Du bist gesellschaftsunfähig! Die Leute können dich nicht leiden – deswegen lebst du einsam und verlassen in diesen Wäldern!'"

Er verstummte plötzlich; wir hörten das Echo seiner letzten Worte. Er blickte um sich und versuchte seine Fassung wiederzugewinnen. Ich sah, dass er sich schämte, und so schaute ich weg, in Richtung Bach. Dann schaute ich ihn wieder an. Er sah verwundbar aus. Er sagte nichts, sondern zeigte in Richtung Hütte. Und so gingen wir stillschweigend zurück.

„Ich weiß, was zu tun ist", sagte er später, als wir auf der Treppe zu seiner Veranda saßen. „Man stellt sich den Dämonen, und sie lassen einen in Ruhe. Aber ich habe das nie fertig gebracht. Weil ich ihre Wahrheit nicht ertrage. Die reine, unverblümte, schöne Wahrheit. Ich *bin* alleine. Abgesehen von dir besucht mich niemand", sagte er. „Und auch du besuchst mich wohl nur, weil du von Dämonen verfolgt wirst, von den gleichen, die auch deine Eltern verfolgt haben, eben denselben, vor denen du dich eigentlich in Sicherheit wähntest."

Ich nickte; er hatte Recht.

„Und was sagen deine Dämonen?"

Von all seinen Fragen war das wohl diejenige, die am einfachsten zu beantworten war: „Versager."

„Ach, Versager", sagte er. „Die sind auf Zack, diese Dämonen. Versagen *ist* die Hölle. Andererseits wird Erfolg auch überbewertet."

Ich weiß nicht, ob er mich damit trösten wollte, wenn ja, dann hatte es seine Wirkung weit verfehlt.

„Die Leute denken, dass Erfolg sich irgendwann einmal in Glück verwandelt. Sie glauben dann glücklich zu sein, wenn sie genau das bekommen, was sie wollen. Bekommen sie es schließlich, so sind sie wieder unglücklich und haben Magengeschwüre wie die Affen in Marokko."

Ich wartete auf eine Erklärung.

„Als ich noch klein war, lebte meine Familie ein Jahr lang in Marrakesch – übrigens ein toller Ort für Geschichten. Es wimmelte dort geradezu vor Affen, und wir wollten sie unbedingt fangen, aber sie waren zu schnell. Und so zeigte uns ein alter Mann einen Trick. Man nimmt eine Flasche und wirft eine Erdnuss hinein. Der Affe nähert sich, sieht die Erdnuss, streckt seine Hand in die Flasche und greift danach. Aber jetzt ist seine Hand zu einer Faust geballt, in der er die Erdnuss hält, und er bekommt sie nicht aus der Flasche heraus. Er freut sich auch zu sehr über die Erdnuss, um diese loszulassen, also schleppt er die Flasche mit sich herum. Und so wird er leicht zum Opfer."

„Da hast du es – Erfolg. Und die Welt ist voller Leute, erfolgreicher Leute, die herumrennen mit Händen, die in Flaschen feststecken, und dann fragen sie sich, warum sie nicht glücklich sind. Das ist der Mythos unserer Zeit – Erfolg macht glücklich. Und dann kommt das Rotkehlchen des Glücks vorbeigeflattert, und was macht es? Es scheißt ihnen auf den Kopf. Sie sind sich dessen nicht bewusst, aber was sie im Grunde genommen erleben wollen, ist das, was dir jetzt widerfährt – Sie wollen versagen."

Auch aus Lennys Mund schien das an den Haaren herbeigezogen.

„Ich meine es ernst", sagte er. „Versagen ist eine Kunst. Versage gekonnt, und du bist glücklich wie Larry." Er hielt inne und lächelte. „Kennst du Larry?"

Ich dachte kurz nach. Den Ausdruck „glücklich wie Larry" hatte ich oft gehört, als ich durch Irland gereist war, aber ich hatte keine Ahnung, wer Larry war.

„Sankt Lorenz, der Schutzpatron des Glücks", erklärte Lenny. „Er lächelte ständig, scherzte. Er war so verdammt gut gelaunt, dass die Römer es nicht mehr ertragen konnten. Sie fesselten ihn an einen Pfahl und verbrannten ihn. Einige Minuten später hörten sie Gelächter, sie kehrten an die Stelle zurück, um nach dem Rechten zu sehen. Es war Larry mit einem breiten Grinsen auf dem Gesicht: ‚Auf dieser Seite bin ich durch‘, sagte er ‚ihr solltet mich jetzt umdrehen!‘"

„Sag mal, hast du schon einmal so einen Menschen kennen gelernt? Jemand, der grundsätzlich lächelt, wenn du ihn siehst? Sind diese Leute *wirklich* glücklich?"

Ich grübelte über seine Frage nach. Sie erinnerte mich an meinen Vater, der sein Leben damit verbracht hatte, seine Schmerzen mit einem Lachen zu überwinden. Dabei wusste ich genau, dass er alles andere als glücklich war. Ich dachte an meine Mutter und daran, wie ihr Lächeln zunehmend größer wurde, während ihr Leben schwerer und schwerer wurde. Man hörte das Lächeln in ihrer Stimme und in den sich anhäufenden Nachrichten, die sie auf dem Anrufbeantworter hinterließ, ohne dass ich sie beantwortete. Auch wenn sie noch so sehr behauptete, dass alles *in Ordnung* war, wusste ich sehr wohl, dass sie nicht *wirklich* glücklich war. Ich war gerade dabei aufzugeben, als mir doch noch jemand einfiel.

„Vielleicht der Junge … auf dem Fahrrad."

„Wer ist das?"

Ich erzählte Lenny von Ricky. Er lebte in der Sackgasse bei uns in der Straße, wo ich aufwuchs. Wir nannten ihn alle „den Jungen auf dem Fahrrad". Er war zurückgeblieben – so sagten wir damals. Er hatte immer ein rotes Sweatshirt an und fuhr im Kreis Fahrrad, manchmal im Uhrzeigersinn, manchmal gegen den Uhrzeigersinn. Wir sahen ihn immer, wenn wir zum Highway mussten, und jedes Mal stieg er ab und winkte uns mit einem großen Lächeln auf dem Gesicht zu. Ich nehme mal an, dass er das bei jedem tat. Wir winkten zurück und fuhren weiter. Ich dachte über all die Male nach, an denen ich ihn gesehen hatte, er war immer glücklich gewesen. Ob er *wirklich* glücklich gewesen ist, weiß ich nicht.

„Gut", sagte Lenny. „Ein lachendes Kind in einem roten Sweatshirt auf dem Fahrrad. Und was macht es so glücklich?"

Ich hatte keine Ahnung.

„Es sieht so aus, als ob er im Kreis fuhr und nie über irgendetwas anderes nachdachte und nie jemand anderes sein wollte. Er war vielleicht kein Genie, aber wahrscheinlich war er glücklicher als manche intelligenten Leute, die mit dem beständigen Gefühl durch die Welt gehen, dass ihr Leben irgendwie anders sein sollte. *Ich wäre gerne reich*, sagen sie sich. *Ich wäre gerne berühmt. Ich wäre gerne besser aussehend.* Und so wäre jeder gerne anders. Ich kenne sogar einen Kerl, der sagt: *Ich wäre gerne wieder in der Lage zu reden.*"

Es wurde kalt, und wir gingen ins Haus. Lenny wollte ein Feuer anzünden, aber ich machte ihm Zeichen, dass er sich setzen sollte, und legte das Holz selbst in den Ofen, zerknüllte ein Stück Papier und zündete ein Streichholz an.

„Ich sage dir, nichts verdirbt unser Leben so sehr wie unsere eigenen Erwartungen. Wir machen uns vor, dass wir Gott, den großen Geschichtenerzähler im Himmel, austricksen könnten. Und was geschieht dann? Gott schaut hinab und sieht einen Idioten, der meint, sein Leben im Griff zu haben, dann schleicht er sich von hinten an und tritt ihm in den Hintern. Oder tritt ihm, in deinem Fall, auf den Fuß. Genauer genommen auf die rechte Fußzehe. Bumm!"

Ich konnte ihm wieder einmal nicht folgen.

„Gicht. Im Prinzip war das Gott, der langsam auf dich aufmerksam wurde. Das Gleiche ist mir widerfahren."

„Gicht?"

„Nein. Es passierte, als ich surfte." Ich dachte, ich hätte mich verhört. Was auch immer man Lenny zumuten mochte, er sah bestimmt nicht wie ein Surfer aus.

„Deswegen bin ich ursprünglich nach Santa Cruz gekommen."

„Zum Surfen?"

„Klar. Wegen der Wellen." Ich versuchte mir ihn auf einem Surfbrett vorzustellen, aber es ging nicht. „Ja, lange bevor wir uns kennen lernten, noch bevor ich zur Universität ging oder je darüber nachdachte, Geschichten zu erzählen. Ich war von New Jersey gekommen und verbrachte jeden Tag mit Wellenreiten, und abends ging ich an der Strandpromenade auf Partys."

„Bist du schon einmal gesurft?", fragte er.

Ich schüttelte den Kopf.

„Du solltest es versuchen. Es gibt nichts Besseres – es ist wie auf dem Wasser zu fliegen." Er schüttelte seinen Kopf, wurde traurig. „Ich war gut, mindestens so gut wie die anderen, wenn nicht noch besser. Und weißt du warum? Weil ich keine Angst hatte. Ich wusste, dass mir nichts passieren konnte. Wenn das Meer sehr aufgewühlt war, zögerten andere Jungs. Aber ich ging auch bei Stürmen raus, bei fünf Meter hohen Wellen." Er machte kurz eine Pause und dachte nach. „An einem Morgen erblickte ich die schönste Welle, die ich je gesehen hatte. Eine Riesenwelle, sie war bestimmt acht Meter hoch und perfekt geformt. Ich schwang mich auf mein Brett, war bereit, und weißt du, was dann passiert ist?"

Er machte eine Pause und steckte sich eine Zigarette an. Ich wartete.

„Sie hat mich fertig gemacht."

„Ich habe mich darin überschlagen. Sie riss mich von hinten von meinem Surfbrett, wirbelte mich um das Brett, verschlang mich und spuckte mich am Strand wieder aus. Ich wäre fast gestorben. Fünf gebrochene Wirbel, zwei gebrochene Rippen und das" – er hob mit seiner rechten Hand die linke am Handgelenk hoch – „alles tot vom Ellbogen bis zur Hand."

Er schaute mich an und lachte. „Wusstest du, dass ich Linkshänder war?"

„Ich wurde viermal operiert, bis sie es schließlich aufgaben. Es ging nicht nur um meine Hand, bei der man von Anfang an keine Hoffnung hatte, sondern auch um meinen Rücken. Sie sagten, meine Wirbelsäule sähe wie eine Handvoll zerbrochene Zähne aus. Ich habe seitdem einen stechenden Schmerz in meinem linken Bein. Auch heute noch habe ich das Gefühl, dass man mich mit einem Baseballschläger zusammengeschlagen hat, wenn ich länger als zwanzig Minuten still sitze. Und weißt du, was das Schlimmste ist?"

„Was?"

„Ich musste das Surfen aufgeben." Er lachte. „Die ganze Zeit über, während meiner Krankenhausaufenthalte und wenn ich zwischendurch wieder entlassen wurde, fragte ich mich ständig: Warum? Warum war mir das zugestoßen?" Er hörte auf, hin und her zu gehen, und setzte sich in seinen Sessel. „Nun, angeblich stellt sich jeder dieselbe Frage – ich in Bezug auf meinen Unfall und du in Bezug auf deine Stimme. Und genau das ist der Punkt – *jeder* stellt sich diese Frage. Vielleicht sollten wir dazu übergehen, ‚Wieso wir?' zu fragen. Und die Antwort darauf ist: ‚Das ist das Leben.' Es ist voller Elend, Leid und Verluste, bis man am Ende schließlich alles verliert."

„Versuchst du … gerade … mich aufzumuntern?"

„Warum sollte ich das tun? Ich habe mich schwer bemüht, die Einhörner zu verjagen und die Regenbögen wegzuwischen, so dass du dich endlich deinen Dämonen stellen kannst und das Leben endlich so akzeptierst, wie es ist: die Summe aller Verluste geteilt durch das, was wir daraus lernen. Und du wirst auch weiterhin leiden, wenn du nichts daraus lernst. Die Zukunft gleitet dir durch die Finger, die Vergangenheit ist vorbei, und was bleibt, ist das Jetzt und Hier."

„Wo?"

Anstatt zu antworten stand er auf und lief in der Wohnung auf und ab. „Sieht so aus, als befändest du dich gerade mitten in einer Geschichte. *Deiner* Geschichte."

Ich schüttelte den Kopf, was er mit Schulterzucken erwiderte.

„Aus meiner Sicht ist das eine Geschichte. Denk darüber nach. Alle Elemente sind enthalten. Der Protagonist – du – verliert etwas sehr Wertvolles – seine Stimme – und ist prompt in ein Abenteuer verstrickt. Eigentlich gibt es nur einen Unterschied zwischen dieser Geschichte und einer, die du erzählen würdest."

„Welchen?"

„Du kannst sie nicht erzählen!", strahlte er. „Weil du nicht sprechen kannst! Und weißt du, was das für dich bedeutet?"

„Dass ich am Ende bin?"

Er schüttelte den Kopf. „Könntest du bitte aufhören, dich selbst zu bemitleiden?" Er spuckte seine Zigarre aus. „Was du siehst – deine Gefühle, die Verwirrung – ist das Innenleben einer Geschichte."

„Aber ich bin echt!", widersprach ich.

„Und deswegen ist das eine gute Geschichte. Es passt alles zusammen. Vor zwanzig Jahren bist du durch meine Tür hinausgegangen, um Abenteuer zu erleben. Und nun bist du wieder hier und befindest dich mitten in einem großen Abenteuer. Was willst du mehr?"

„Raus!"

„So funktioniert das aber nicht. Wie fändest du es, wenn eine deiner Figuren versuchte, aus einer Geschichte zu entfliehen, die du gerade erzählst?"

Ich dachte darüber nach. Ich hatte nicht die leiseste Ahnung. Keine meiner Figuren hatte je versucht, aus meiner Geschichte zu verschwinden.

„Sie bleiben an Ort und Stelle, nicht wahr?", sagte Lenny. „Würden sie das nicht tun, würden sie die Geschichte ruinieren."

„Und das ist dein Problem. Seit Monaten versuchst du wie verzweifelt, deiner eigenen Geschichte zu entrinnen." Er schüttelte den Kopf. „Aber so funktioniert das nicht. Du bist Bestandteil einer Geschichte, genauso wie ich, genauso wie jeder, ob man das nun mag oder nicht."

Seine Worte erinnerten mich an eine alte Star-Trek-Folge, in der Kapitän Kirk und die Mannschaft auf einem seltsamen

Planeten landen, voller Personen aus ihrer entfernten Erinnerung, gegen die sie erbittert kämpfen, bis sie schließlich feststellen, dass das Ganze nur ein intergalaktischer Freizeitpark war, der zum Vergnügen gedacht war.

„Nun sag mal, in welcher Geschichte befindest du dich deiner Meinung nach?"

Ich dachte über die letzten Monate nach, seitdem ich meine Stimme verloren hatte. „Die Geschichte von Job aus der Bibel?", scherzte ich.

Seine Augen leuchteten: „Vielleicht."

„Fürchterliche Geschichte. Grausam."

„Nein, Job ist eine tolle Geschichte. Wusstest du, dass das die einzige Stelle in der ganzen Bibel ist, an der Gott lacht?" Ich wusste es nicht. „Außerdem ist Job eines der zwei Wörter der englischen Sprache, bei denen sich die Aussprache ändert je nachdem, ob man sie groß oder klein schreibt." Job – job. Ich wollte nach dem anderen Wort fragen, aber er fuhr schon fort. „Und es ist eine Geschichte mit einer guten Moral, die man wohl so wiedergeben könnte: ‚Es gibt Dinge im Leben, die wir einfach nicht verstehen.'"

„Der Islam lehrt das Gleiche. Im Koran schickt Gott Moses ans Rote Meer, wo er einen kleinen Spatz ins Wasser abtauchen sieht. ‚Siehst du, wie viel Wasser im Meer ist?', fragt Gott. ‚So viel Wissen gibt es auf der Welt. Siehst du auch, wie viel der Spatz trinkt? Es entspricht dem Wissen der Menschen.'"

Ich verabschiedete mich von Lenny und musste an einen Film denken, den wir in der High School im Fach Physiologie gesehen haben. Er handelte von einem Mann, dem man eine Brille aufgesetzt hatte, durch welche er die Welt auf dem Kopf und von hinten sah. Herr Clarkson hatte ihn uns vorgeführt, um zu beweisen, wie wunderbar anpassungsfähig das menschliche Gehirn doch war. Während die Wissenschaftler in dem Film die Brille auf dem Kopf des Probanden festmachen, wird eine

Warnmeldung ausgestrahlt: „BITTE MACHT DAS ZU HAUSE NICHT NACH!" Er trägt die Brille sechs Wochen lang Tag und Nacht. Zunächst ist er vollkommen hilflos, stolpert, läuft gegen Gegenstände und muss erbrechen. Nach fünf Wochen aber passt sich das Gehirn komplett an, und alles erscheint ihm normal. Er kommt im Alltagsleben gut zurecht, fährt Fahrrad, Auto und so weiter. Die Anpassung ist so vollständig, dass er, nachdem sie ihm die Brille wieder abnehmen, das Gefühl hat, die Welt stehe wieder auf dem Kopf, und er braucht wieder fünf Wochen, bis er sich an die richtigen Verhältnisse gewöhnt.

Wenn ich Lenny besuchte, hatte ich das Gefühl, eine solche Brille aufzusetzen. Glaubte man ihm, so präsentierte sich uns alles anders, als es in Wirklichkeit war. Rechts war links und oben war unten. Alles Schlechte, das mir zugestoßen war, war gut. Antworten fand ich, wenn ich aufhörte, sie zu suchen; sehen konnte ich nicht, weil es zu offensichtlich war.

Obwohl es durchaus seltsam war, die Dinge auf dem Kopf zu sehen, so war es weitaus beängstigender, sie rückwärts zu sehen. Wenn ich von Lenny kam, hatte ich immer das Gefühl, dass meine Zukunft sich hinter mir befand und meine Vergangenheit vor mir, und sie rückte beständig näher.

Ich hatte schon oft in der Vergangenheit gekramt, um mich zu Geschichten inspirieren zu lassen, aber die Geschichten, die mir jetzt einfielen, hatte ich zuvor verdrängt. Wieder einmal musste ich an meinen Vater denken, dieses eine Mal lachte er nicht. Es geschah in einer sehr heißen Nacht. Ich lag wach und konnte nicht einschlafen. Schließlich stand ich auf und wollte in die Küche, um etwas Wasser zu trinken. Aber als ich meinen Vater sah, wie er über einen Formica-Tisch gebeugt saß und versuchte, eine schwarze, notdürftig mit Tesafilm zusammengehaltene Schachtel voller Elektrogegenstände zusammenzubauen – eine Erfindung, an der er schon Jahre gearbeitet hatte – ließ ich es doch bleiben. Ich stand in der Tür und schaute zu, wie er gerade versuchte, nach einer Schraube zu greifen, aber seine knorpeligen Finger schafften es einfach nicht. Er versuchte es wieder und wieder, schaffte es fast, aber dann entglitt sie ihm doch wieder und fiel zu Boden. Er stützte seinen Kopf auf die Hände. Ich wollte ihn nicht weinen sehen, also schlich ich zurück ins Bett.

Ich hörte meine Großmutter wieder, ihr hallendes Geschrei und die endlosen Flüche, die sie meiner Mutter zubrüllte. Ich versuchte dieses Bild zu verdrängen, aber es ging nicht. Sie ließ sich nicht verdrängen, sondern wurde stattdessen nur lauter und bedrohlicher, wie damals, als ich ein Kind war. Ich versuchte, Lennys Rat mit den Dämonen zu beherzigen, und stellte mich ihr. Als ich mich umdrehte, blickte ich in ihre dunklen Augen. Dann sah ich das – vor Angst erstarrte – Gesicht meiner Mutter. Sie griff nach ihrem Hörgerät und schaltete es aus. Erleichterung war ihr ins Gesicht geschrieben; sie bemühte sich zu lächeln. Dieses Lächeln war besonders schwer zu ertragen.

Soweit ich mich erinnern kann, wurde in dem Brillenmenschenfilm nichts über den Einfluss der Brille auf die Familie des Probanden gesagt. Aber ich bin mir sicher, dass es für sie nicht einfach gewesen sein kann. Ich wusste zumindest, dass es für meine Familie nicht einfach war; sie wussten mit meinem launischen Verhalten nichts anzufangen, mal verdrossen, mal euphorisch. Ich wiederum war nicht in der Lage, ihnen zu erklären, was mit mir los war, denn ich verstand es selbst nicht.

Taly machte ohne mich weiter. Anstatt sich ständig über ihre Gesundheit nur den Kopf zu zerbrechen, unternahm sie etwas; sie aß gesund und trieb viel Sport. Sie fühlte sich großartig und sah auch so aus, aber ich fühlte mich weit, weit weg von ihr. Es war so, als würden unsere Leben parallel verlaufen und sie wäre mir um Meilen voraus. Nachts spürte ich diese Ferne besonders deutlich. Kurze Zeit zuvor hatten wir noch eng umschlungen geschlafen, selbst wenn wir uns sehr zerstritten hatten; nun war jeder für sich, in seiner eigenen Welt. Und ich wusste nicht, wie wir uns wieder näher kommen sollten.

Ich hatte das Gefühl, dass mein ganzes Leben zu einer Aneinanderreihung magischer Wörter geworden war, die ich nicht mehr auszusprechen vermochte. Unter diesen Wörtern befand sich auch das eine, von dem Lenny gesprochen hatte: die Antwort auf ein Rätsel, das ich nur lösen konnte, wenn ich nicht darüber nachdachte.

„Entspann dich", reagierte Lenny auf meine Frustration. „Zu gegebener Zeit wird sich der Sturm wieder legen. Und du wirst offen sein, und weißt du wofür?"

Ich wartete.

„Für Zeichen und Wunder, mein Lieber. Zeichen und Wunder."

Und genau das passierte einige Tage später, als Taly arbeitete, die Kinder in der Schule waren, der Regen aufgehört hatte und absolut nichts zu hören war. Ich saß mucksmäuschenstill in meinem Büro und versuchte ausnahmsweise nicht über Antworten nachzudenken, versuchte jeden Gedanken aus meinem Kopf zu verbannen, versuchte an gar nichts zu denken, um in mir einen Ort der Ruhe zu schaffen. *Gib mir ein Zeichen.*

Da hörte ich das Geräusch eines Presslufthammers. Es hörte sich zunächst wie ein Donnergrollen an. Ich spürte, wie der Boden vibrierte, und sah die Bilder an der Wand wackeln. Dann vernahm man kurz nichts, und schließlich fing das Ganze von vorne an.

Einige Monate zuvor hatte ein Pärchen das Haus schräg gegenüber von unserem gekauft; es war ein wunderschönes Haus gewesen, das ungefähr dreißig Katzen beherbergte. Sie hatten sich vorgenommen, es zu renovieren, und nur darauf gewartet, dass der Regen aufhörte, um mit dem Umbau anfangen zu können.

Der Lärm wurde zu einer unbeschreiblichen Qual; er war den ganzen Tag über in Intervallen zu hören. Immer wenn ich dachte, er hätte aufgehört, und Taly und den Kindern etwas zuflüstern wollte, fing er wieder an, man hätte meinen können, dass er programmiert war. Anstelle des Presslufthammers hörte ich manchmal auch das Geräusch einer Kreissäge oder eines elektrischen Hammers.

Aber ich wollte nicht klein beigeben und versuchte die Geräusche zu übertönen.

„Michaela ... hupe! Könntest du ... hupen?"

„Was?", antwortete Michaela dann. „Ich kann dich nicht verstehen, sprich lauter!"

Das ging zwei Wochen lang so. Bis ich Elijah eines Tages bitten wollte, mir die Cornflakes zu reichen. Ich versuchte nicht einmal mehr, die Geräusche zu übertönen. Genauer genommen unternahm ich an jenem Tag überhaupt keinen Versuch zu sprechen. Und auch am Abend, als keine Baustellengeräusche mehr zu hören waren und ich ganz alleine war, weil alle schon schliefen, versuchte ich nicht zu reden – ich hatte es aufgegeben.

Erst dann fiel mir auf, dass ich seit der Operation geschlagene sieben Monate auf Biegen und Brechen versucht hatte, einen Laut herauszubekommen. Ich hatte wohl verstanden, dass ich nicht mehr sprechen konnte, aber mein Körper hatte sich geweigert, es zu akzeptieren, bis zu jenem Augenblick.

Plötzlich fühlte ich mich frei und erleichtert. Es war wie ein Experiment, das ich als Kind immer gemacht habe. Ich stellte mich in den Türrahmen, streckte die Arme seitlich aus und stemmte sie dreißig Sekunden lang so fest ich nur konnte gegen den Türrahmen. Dann ließ ich locker und ging ganz entspannt aus dem Türrahmen heraus; meine Arme schwebten förmlich, wie Luftballons.

Genauso fühlte sich auch die Stille an. Ich erinnerte mich an eine weitere Zen-Geschichte über zwei Mönche, die nach einem Sturm spazieren gehen. Sie sehen eine wunderschöne junge Frau, die mit einem leichten Kimono bekleidet auf der anderen Seite des Flusses steht. Sie kann den Fluss nicht überqueren, also trägt sie der jüngere der beiden Mönche auf die andere Seite. Anschließend setzen sie ihren Weg fort. Der ältere Mönch ist sichtbar wütend, sagt jedoch nichts, bis sie wieder im Kloster sind. Dann wendet er sich an den jüngeren Mönch.

„Wie konntest du das nur tun?", ruft er. „Du weißt genau, dass wir gelobt haben, niemals eine Frau anzufassen!"

Der jüngere Mönch lächelt. „Die Frau im Kimono? Ich habe sie vor Stunden auf der anderen Seite des Flusses abgesetzt. Warum trägst du sie noch mit dir herum?"

Meine Stimme war eine nutzloses Glied geworden. Ich hatte es so lange mit mir herumgeschleppt hatte, dass ich mir der Last gar nicht mehr bewusst war. An jenem Nachmittag habe ich sie endlich abgeworfen.

Von dem Augenblick an änderte sich etwas. Ich vernahm die Stimmen der anderen Leute anders. Zwar hatte ich den Klang der menschlichen Stimme schon immer gemocht. Aber seit meiner Operation war ich auf die Stimmen der anderen neidisch gewesen. Der Sprecher oder die Sprecherin hatte etwas, das ich nicht hatte, das ich mir aber mehr als alles andere wünschte. Jetzt, da ich diesen Neid nicht mehr verspürte, genoss ich die pure Schönheit der Stimmen um mich herum. Zum Beispiel Michaelas kleine, süße Stimme und die betonte Ernsthaftigkeit bei Elijah. Ich hörte die Melodie in Talys Stimme, auch wenn sie nicht sang. In jeder Stimme entdeckte ich etwas Besonderes; Ron, unser Postbote, hatte eine leicht körnige Stimme und einen schwach wahrnehmbaren Akzent aus dem Mittleren Westen, und die Stimme von Ginger, Michaelas Lehrerin, strahlte in jedem einzelnen Wort eine gewisse Wärme aus.

Ich hatte nun wieder eine Distanz zu diesen Stimmen und genoss sie wie ein Ballettstück, bei dem man auch nicht unbedingt das Bedürfnis verspürt, Balletttänzer zu werden, oder bewunderte sie wie die Gewandtheit eines Basketballspielers, ohne diesen Sport je ausgeübt zu haben. Sprechen war für sie natürlich, so wie einst für mich. Aber diese Tür war nun zugefallen, wie meine Mutter zu sagen pflegte, und ein Fenster hatte sich dafür geöffnet. Es war das Fenster, das auf die Welt der Stille blickte, eine Welt, die ich lange verschmäht hatte.

Ich erinnerte mich an einen Zeitungsartikel über einen Tontechniker, der mit seinem Kassettenrekorder durch die ganze Welt gereist war, um die ruhigsten Orte und Plätze zu finden; er wollte die absolute Stille aufnehmen. Damals fand ich die Übung ziemlich sinnlos – im besten Fall, so dachte ich, wäre er mit einem leeren Band nach Hause gekommen. Nun sah ich es mit anderen Augen und verstand den tieferen Sinn darin. Echte Stille, absolute, vollkommene Ruhe existierte, und das war das Schöne daran. Wir müssen die Geräusche in dieser Welt schichtweise abbauen, um so die darunter liegenden, leiseren Geräusche zu entdecken. Dann, so hieß es in dem Artikel, würden wir schrittweise das stillste Geräusch von allen hören – das Fließen eines Rinnsals, eine Fliege, die ein Blatt frisst, oder das Geräusch eines kleinen Fisches, der Wasser ausspuckt, um ein vorbeifliegendes Insekt zu verschlucken.

Wie dieser Tontechniker suchte ich die Stille, wann immer es mir möglich war. Da ich die meisten Nächte mit Schreiben verbrachte, hatte ich tagsüber Zeit, nach den ruhigsten Orten zu suchen, und so radelte ich in die Hügel hinter Berkeley und schaute mich nach einem geschützten Platz um. Dann entspannte ich mich, hielt die Augen geschlossen und versuchte festzustellen, wie wenig zu hören ich in der Lage war.

Kapitel 8

Die Weisheiten aus Chelm

*I*rgendwo in den Bergen Polens, auf dem Weg zwischen Warschau und Chotzenplotz, gibt es ein winzig kleines Dörfchen, das Chelm heißt. Die Leute von Chelm sind die größten Narren auf der ganzen Welt, auch wenn sie das selbst nicht so sehen. Ganz im Gegenteil, sie sind davon überzeugt, die weisesten Menschen auf der ganzen weiten Welt zu sein, und ihre Gemeindeältesten sind die weisesten unter den Weisen.

Sie verbringen ihre Tage mit der Betrachtung existenzieller Fragen folgender Art: „Was ist wichtiger, die Sonne oder der Mond?" Eine solche Frage kann das ganze Dorf wochenlang beschäftigen und spalten, bis der Gegenstand schließlich von den Gemeindeältesten höchstpersönlich aufgegriffen und sorgfältig abgewogen wird. Dabei streichen sie sich durch die Bärte und ziehen ihre Augenbrauen zusammen. Schließlich nimmt sich Chaimyonkel der Streitfrage an. Er ist der weiseste der Gemeindeältesten, und er beschließt, dass der Mond viel wichtiger ist, weil er nachts scheint, wenn es dunkel ist und wir das Licht notwendig brauchen.

Seine Weisheit war es auch, die die Gemeinde zur Vernunft brachte, als eine Tragödie das Dorf heimsuchte. Eines Nachts nämlich brach ein fürchterliches Feuer aus, und die Leute aus Chelm kämpften die ganze Nacht, um die gewaltigen Flammen zu löschen. Am Morgen fluchten alle über das Feuer, nur Chaimyonkel stimmte nicht in den Klagegesang mit ein.

„Das Feuer war ein Segen!", sagte er. „Denn es brachte uns Licht! Und wie hätten wir ohne Licht das Feuer je löschen können?"

Nach Chelm zu gelangen ist sehr schwer, denn der Weg dorthin ist voller Gefahren. Um es finden zu können, muss man sich zunächst verlaufen. Man läuft an einem sonnigen Tag von Warschau los. Plötzlich kommt ein Schneesturm auf. Der Tag wird auf einmal zur Nacht, während man sich durch den Schnee kämpft und rechts von links nicht mehr unterscheiden kann. Genau an dieser Stelle muss man links abbiegen und so lange gehen, bis man einen Mann sieht, der unter einer Straßenlaterne etwas zu suchen scheint.

„Haben Sie etwas verloren?", fragt man.

„Ja, meine Schlüssel."

Also beugt man sich vor, um dem Menschen zu helfen, allerdings ohne Erfolg.

„Wo genau haben Sie sie verloren?", entschließt man sich zu fragen.

„Dort unten, die Straße runter, beim Tempel."

„Warum suchen Sie dann hier?"

„Das Licht ist hier besser."

Erst dann, wenn Weisheit und Dummheit nahtlos ineinander übergehen, kann man sicher sein, dass man in Chelm angekommen ist.

„ACH, ICH VERSTEHE", sagte Lenny schließlich.

Ich stand vielleicht fünf Minuten auf seiner Veranda, aber es kam mir vor wie eine Stunde, denn er stellte mir eine Frage nach der anderen und wartete darauf, dass ich antwortete. Aber ich sagte nichts, versuchte es nicht einmal. So gern ich ihm auch vermitteln wollte, was ich gelernt hatte, es schien mir widersinnig, es ihm zu erzählen.

Er zeigte zunächst keine Reaktion, bat mich herein und bot mir einen Platz vor dem Ofen an. Erst viel später sagte er etwas.

„Die Leute denken, dass es beim Geschichtenerzählen um das Sprechen geht, aber dem ist nicht so. Es geht um die Stille und darum, dieser Stille eine Form zu geben. Stille ist unsere Grundlage. Sie ist der Lehm, aus dem unsere Welt gemacht ist, der Marmor, den wir abtragen. Und wie tragen wir ihn ab? Mit unseren Worten! Eine Geschichte beginnt mit der Stille, je reiner, desto besser. Und wenn wir eine Pause einlegen" – er machte eine lange Pause –, „dann können wir die Gestalt der Ruhe erkennen – oder besser fühlen –, die wir kreiert haben. Wenn du die Stille gefunden hast, Joel, dann bist du fast über den Berg."

Ich sagte nichts und genoss das seltene Lob.

„Weißt du", fuhr er fort, als wir uns hinsetzten. „Ich habe darüber nachgedacht, in welcher Geschichte du dich gerade befindest. Das kann man natürlich schwer sagen, weil sich das immer ändert – wie die Linien in der Handinnenfläche. Das liegt daran, dass Gott dort oben sitzt und Pläne ändert, indem er das eine oder andere Detail hinzufügt. Und gerade wenn du glaubst, endlich alles begriffen zu haben, ändert sich wieder etwas. Meiner Meinung nach könntest du dich im Augenblick in Chelm befinden. Du kennst Chelm doch, oder? Das polnisch-jüdische Narrendorf?"

Selbstverständlich kannte ich es. Das waren die Geschichten, die meine Mutter mir fast erzählt hätte. Seitdem hatte ich einige gehört und auch bei Auftritten erzählt. Aber als er das Wort „polnisch" aussprach, fiel mir etwas auf.

„Polish – polish". Im Englischen hat das Wort zwei Bedeutungen – und es gibt zwei Möglichkeiten, es auszusprechen.

„Gut", sagte er. „*Polish* und *polish*, *Job* und *job*. Siehst du? Manche Rätsel lösen sich von selbst. Tun sie das, so müssen wir neue finden. Ansonsten stehen wir vor der Gefahr, weise zu werden, so weise wie die Narren von Chelm, die unter der Straßenlampe nach etwas suchen, weil das Licht dort besser ist. Ihre Dummheit liegt jedoch nicht in dem, was sie tun, sondern in ihrer festen Überzeugung, weise zu sein."

Er blickte lange in die Ferne und wandte sich mir dann wieder zu.

„Habe ich dir schon von Pearl erzählt?"

Ich schüttelte den Kopf.

„Nein, ich gehe mal davon aus, dass ich dir nichts von ihr erzählt habe." Er seufzte. „Sie war die ‚unperfekte Frau'. Die Geschichte müsstest du kennen." Ich kannte sie nicht. „Es geht darin um Mullah Nasrudin."

Ich wartete gespannt. Ich hatte Geschichten über den bekannten Sufi-Mystiker, den glatzköpfigen Schlawiner, schon immer gemocht.

„Nasrudin wurde bei Hochzeiten immer um Rat gebeten. Eines Tages fragte ihn ein Schüler, weshalb er selbst nie geheiratet habe. ‚Ach', erklärte er, ‚Ich hatte mir vorgenommen, nur dann zu heiraten, wenn ich die perfekte Frau finden würde. Lange Jahre suchte ich und begegnete vielen Frauen, die nett, schön und intelligent waren. Aber keine davon war perfekt. Jede hatte ihre Fehler.'

‚Dann, eines Tages', sagte Nasrudin, ‚sah ich sie. Ich spürte es sofort. Ich hatte nicht den geringsten Zweifel. Sie war in jeder Hinsicht perfekt. Als ich sie kennen lernte, stellte sich tatsächlich heraus, dass sie ein makelloser Juwel war.'

‚Warum also haben Sie sie nicht geheiratet?', fragte der Schüler.

Nasrudin seufzte. ‚Es gab nur ein Problem.'

‚Sie haben doch noch einen Fehler gefunden?'

Nasrudin schüttelte seinen Kopf. ‚Nein, aber sie war auf der Suche nach dem perfekten Mann.'"

Lenny schüttelte den Kopf. „Pearl", sagte er nochmals „war in jeder Hinsicht perfekt unperfekt. Ich hatte jahrelang nach ihr gesucht – ich wollte nicht wieder auflaufen, wie in meiner ersten Ehe. Es war ein Desaster gewesen. Aber schon in der ersten Stunde, in der ich Pearl getroffen habe, wusste ich, dass sie die Richtige war. Ich sah es in ihrem Gesicht. Ich fühlte es im tiefsten Innern meiner Seele. Wir waren füreinander bestimmt. Und weißt du, was passierte?"

Ich wartete.

„Wir heirateten. Sie war meine zweite Frau. Sie tanzte, Jazz. Sie kam aus Neuseeland. Sie lebte und strahlte Musik aus. Unsere Hochzeitsreise machten wir auf die Fidschi-Inseln, wo wir unter dem Sternenhimmel Mangonektar tranken." Er hielt einen Augenblick inne, mit verträumtem Gesichtsausdruck.

„Wir kamen zurück, kauften dieses Häuschen und bauten uns ein gemeinsames Leben auf."

Er schüttelte seinen Kopf. „Wir waren so glücklich, wie man nur sein kann. Weißt du, man kann durch das Leben gehen und nie bemerken, wie einsam man eigentlich ist, bis man sich verliebt." Mühsam stand er aus seinem Sessel auf und ging in sein Zimmer. Dann kam mit einem Foto in einem Silberrahmen zurück und gab es mir. Sie hatte helle Augen und braune, lockige Haare.

„Wunderschön, nicht wahr?" Ich nickte. „Aber bereits einen Monat nach unserer Hochzeit stellte man bei ihr einen Eierstock-Tumor fest. Fünf Monate später starb sie. Insgesamt hatten wir also nur zehn Monate zusammen." Er machte eine Pause, und ich konnte seine Tränen sehen. „Aber diese zehn Monate – waren das schönste Geschenk meines Lebens. Diese zehn Monate wurden in ihrem Verlauf schöner und schöner. Schöner wohl gemerkt, nicht einfacher. Eigentlich waren sie die reinste Hölle. Ärzte, Operationen, Chemotherapie, Tabletten. Sie schwand dahin, ihre Haare fielen aus – sie war trotzdem wunderschön. Und sie wurde immer schöner, Tag für Tag, bis zum Ende. In diesen sechs Monaten habe ich so intensiv gelebt wie nie zuvor oder danach." Er schaute eine Zeit in die Ferne, dann fügte er noch hinzu: „Du bist nie lebendiger als im Angesicht des Todes."

Als ich Lenny an jenem Nachmittag verließ, dachte ich darüber nach, wie unterschiedlich Geschichten doch sein können: Manche bringen uns zum Lachen, andere zum Weinen. Ich dachte über Gutenachtgeschichten nach, die uns in den Schlaf wiegen, und über Zen-Geschichten, die uns mit ihrer paradoxen Handlung die Augen öffnen. Auch andere Geschichten tun das, weil sie uns überraschen, wenn wir am wenigsten mit ihnen rechnen. Lennys Geschichte hatte etwas in mir erweckt. Von dem Augenblick an, als ich ihn verlassen hatte, spürte ich, dass die Welt etwas zugänglicher geworden war. Ich fuhr nach Hause, sah mein Haus, den Müll, der darauf wartete, hinausgebracht zu werden – nichts hatte sich verändert, und doch sah ich alles mit anderen Augen, deutlicher. Es war weder besser noch schlechter, nur realistischer.

Pearls Geschichte hatte mich zutiefst getroffen, und ich musste über die nächsten Wochen oft daran denken, vor allem nachts. Ich dachte nun plötzlich über den Tod nach – nicht nur über meines Vaters Tod, über den ich jahrelang gegrübelt hatte, sondern auch über meinen eigenen, dem ich dadurch entgangen war, dass ich mir den Tumor hatte entfernen lassen. Mir fiel auf, dass ich mir bei all den Überlegungen über meine Stimme und deren Rückkehr nicht bewusst gewesen war, wie bedrohlich nahe ich dem Tode gekommen war.

Eines Nachts wachte ich sehr früh auf, kurz vor Sonnenaufgang, ich schaute in das Kinderzimmer, wie ich das oft tat. Elijah schlief fest. Ich blickte ihn an, sein Nachttischlämpchen schimmerte, und dann sah ich mir die Fahnen an, die im ganzen Zimmer verstreut waren. Er hatte kurz zuvor angefangen, Fahnen für erfundene Länder zu basteln, in denen die Beanie Babies wohnten. Diese Fahnen bestanden aus hölzernen Essstäbchen und einem weißen Tuch, das Taly zerschnitten hatte. Diese befanden sich in einem Korb und ich wühlte darin, bis ich schließlich fand, wonach ich suchte. Es war eine, die er noch nicht bemalt hatte, ich nahm sie, saß da, ein Bein über das andere geschlagen, und wedelte damit.

Eine Minute später wachte Michaela auf, rieb sich die Augen und krabbelte aus ihrem Bett heraus. Sie kam zu mir rüber und setzte sich auf meinen Schoß. Sie sagte nichts, schaute nur die Fahne an, dann mich, ihre Hände auf meinen Knien – ich war der glücklichste Mann auf Erden.

Am nächsten Morgen gab es für die Kinder Pfannkuchen zum Frühstück – eine väterliche Aufgabe, der ich mich mittlerweile mit Hingabe widmete. In meinem Kopf hörte ich *Oh, What a Beautiful Mornin'* von *Oklahoma!* Zwar konnte ich nicht singen, aber ich pfiff leicht vor mich hin. An jenem Morgen musste es Schlag auf Schlag gehen, die Kinder machten eine Bestellung nach der anderen.

„Ich will auf meinem ein E", sagte Elijah.

„Und ich will ein M", sagte Michaela.

Während ich die Pfannkuchen buk, schaute ich zu ihnen, und ein seltsames Gefühl kam in mir auf, ein Gefühl, das ich nicht zuordnen konnte. Was war das?

„Ist das ein M oder ein E?", fragte Michaela.

„Kommt darauf an, wie du es anschaust", sagte Elijah. „Aber was ist das?"

Er zeigte auf einen riesigen, fertig gebackenen Pfannkuchen, der so groß wie ein Teller und voller Löcher war.

Ich stand zwischen ihnen, zog sie beide an mich heran und flüsterte. „Es ist eine ... Sternkarte."

Sie strahlten über beide Ohren, und da fiel es mir wie Schuppen von den Augen.

Kein Wunder, dass ich das Gefühl nicht zuordnen konnte, denn ich hatte es so lange nicht mehr gespürt.

Ich war glücklich.

Kapitel 9

Verborgene Schätze

Vor langer, langer Zeit lebte in der polnischen Stadt Krakau ein armer Schneider namens Yaakov ben Yekel. Er arbeitete hart, erwirtschaftete aber nie genug, um seine Frau und seine Kinder ernähren zu können. Es blieb ihm nichts anderes übrig, als zum Tempel zu gehen, um ein Wunder zu erbitten.

Noch in der gleichen Nacht hatte er einen wunderbaren Traum. Darin sah er sich in der weit entfernten Stadt Prag – einem Ort, an dem er nie zuvor gewesen war. Und doch sah er sie ganz deutlich vor sich, er konnte sogar den kühlen Wind spüren, während er mit einer Schaufel auf der Schulter durch die Stadt ging. Schließlich gelangte er an eine bestimmte Stelle, wo er anfing, ein großes Loch zu graben, und plötzlich hörte er eine laute Stimme, die zu ihm sprach: „Yaakov ben Yekel – geh nach Prag! Dort wartet ein Schatz auf dich!"

Er hatte diesen Traum immer und immer wieder, so dass er eines Tages beschloss, nach Prag zu gehen.

Es dauerte Wochen, bis er zu Fuß durch Wind und Wetter marschiert war und schließlich dort anlangte. Einmal angekommen, war seine Überraschung groß, denn Prag sah genau so aus wie in seinen Träumen. Er rlief durch die Straßen und kam schließlich an der Stelle an, die er in seinem Traum gesehen hatte. Dort fing er zu schaufeln an.

Auf einmal spürte er eine Hand auf seiner Schulter.

„Was machen Sie da?", hörte er eine wütende Stimme sagen. Ein Wächter stand neben ihm. Noch nie zuvor hatte er einen so großen Menschen gesehen. Yaakov hatte Angst und da ihm auf die Schnelle nichts Besseres einfiel, sagte er die Wahrheit.

„Ich grabe ein Loch an dieser Stelle … ich hatte nämlich einen Traum."

„Ha!", lachte der Wächter. „Einen Traum?" Er gab Yaakov eine Ohrfeige. „Du siehst auch aus wie ein Träumer, dünn, schwach, krank! Träume sind für Narren wie dich!", sagte der Wächter.

„Es ist lustig, dass du von Träumen sprichst, denn gestern Nacht hatte auch ich einen Traum. Eine Stimme sprach zu mir und sagte: ‚Heh, Ivan, geh nach Krakau – dort wirst du in dem elenden, kleinen Haus eines

Schneiders – er heißt Yankel oder Yekel – unter der Ofenstelle einen riesigen Schatz finden.' Es war ein verrückter Traum, und wie du siehst, bin ich nicht nach Krakau gegangen. Denn Träume sind für Narren!"

Mit diesen Worten warf der Wächter ihn aus der Stadt, und Yaakov begab sich auf die lange Heimreise. Als er Wochen später zu Hause ankam, begrüßte und umarmte er seine ganze Familie und ging dann sofort zum Ofen. Er rückte ihn zur Seite und fing zu schaufeln an. Stundenlang machte er sich an der Stelle zu schaffen, stieß aber nur auf Dreck. Vollkommen erschöpft schlief er schließlich ein.

Während er schlief, krabbelten seine Kinder in das Loch und gruben spielend weiter, bis seine jüngste Tochter auf etwas stieß, was sich wie eine alte Teekanne anfühlte. Gemeinsam mit ihren Geschwistern holte sie sie hervor und brachte sie Yaakov. Er brach sie auf und stellte voller Erstaunen fest, dass sie voller Gold und Silbermünzen war – ein Vermögen, mit dem er seine Familie ernähren, sein Haus renovieren und sogar noch etwas anderes tun konnte, was ihm schon immer am Herzen gelegen war: den Armen spenden.

Er lebte gut, bis er schließlich im hohen Alter nur noch eine Münze übrig hatte. Diese, so hatte er beschlossen, sollte ein Bettler bekommen.

„Danke", sagte der Bettler. „Und ich habe dir einen Ratschlag zu geben."

„Einen Ratschlag?", fragte Yaakov.

„Ja", sagte der Bettler. „Grabe noch tiefer."

Yaakov eilte schnell nach Hause zum Ofen; darunter befand sich noch immer das ausgegrabene Loch. Er schaufelte weiter. Diesmal fand er eine Kiste. Und so klein und unscheinbar diese auch aussah, es stellte sich heraus, dass sie voller Diamanten, Rubine und Smaragde war – ein wertvollerer Schatz, als er sich je hätte ausmalen können.

Das Geld reichte sogar für den Bau einer kleinen Schule an einer Kreuzung. Nach der Legende steht dieses Gebäude noch heute dort. Es ist heute eine Unterkunft und Raststätte für Reisende, die dort eine Pause machen und darüber nachdenken können, was sie gesehen haben und wohin sie noch gehen wollen. Wenn du folgende in Goldlettern geschriebenen Worte an der Mauer siehst, weißt du, dass du dort angekommen bist: „Manchmal musst du deinen Träumen sehr weit folgen, um herauszufinden, was deinem Herzen am nächsten steht."

Ich spürte, dass etwas nicht stimmte, als ich bei Lenny ankam. Es war zu still. Die Sonne ging schon unter. Ich klopfte an der Tür. Niemand antwortete. Ich klopfte abermals. Schließlich machte ich die Türe auf.

Im Dunkeln konnte ich zunächst nur die Buchstapel ausmachen; erst als sich meine Augen an die Dunkelheit gewöhnt hatten, sah ich Lenny in seinem Sessel, er starrte ins Leere.

„Lenny?", rief ich. Keine Antwort.

Der Raum roch wie immer modrig, nach Schimmel und Zigarrenrauch, aber es roch auch nach etwas anderem: Whiskey. Neben seinen Füßen stand eine Flasche Old Crow. Ich hörte seinen schweren, langsamen Atem und schaute ihm in die Augen – sie waren weit aufgesperrt, aber es war niemand da.

Ich hob die Flasche auf und kippte den Rest in das Küchenspülbecken. Der Mülleimer quoll über, ich presste den Müll zusammen und beschloss schließlich, dass ich ihn genauso gut hinausbringen könnte.

„Lenny?", flüsterte ich in sein Ohr. Keine Reaktion. Ich wusste nicht, was ich tun sollte. Ich stellte mich in sein Sehfeld – keine Reaktion. Sein Blick starrte ins Leere; er war weit, weit weg, an einem dunklen Ort, in Trance.

Ich wartete zehn Minuten lang, und da ich nicht die geringste Ahnung hatte, was ich tun sollte, bewegte ich mich langsam auf die Türe zu.

„Sag mal", hörte ich ihn sagen.

Ich kehrte zu ihm zurück. Er hatte sich nicht bewegt. Ich sah ihn an und wartete. Nach einer langen Weile drehte er sich zu mir und sprach.

„Sag mal", sagte er wieder und seine Stimme klang weit, weit weg. „Wann endet die Nacht?" Es folgte eine lange Pause, in der er auf etwas zu kauen schien. „Das ist die Frage, die einige Schüler einem Rabbi stellten." Seine Stimme klang traurig, fast klagend. Er starrte mich wieder an, aber seine Augen schienen durch mich hindurchzusehen.

„‚Ist sie zu Ende, wenn man den Morgenstern sieht?', fragte einer.

‚Nein', antwortete der Rabbi. ‚Nicht dann.'

‚Ist es dann soweit, wenn man all die Linien in der Handinnenfläche sehen kann?', fragte ein anderer.

‚Nein, auch dann nicht,' sagte der Rabbi.

‚Wann dann?', fragten die Schüler.

‚Wenn du in das Gesicht deines Nachbarn blickst und dein eigenes erkennst. Dann ist zumindest das Gröbste der Nacht überwunden.'"

Im Laufe der nächsten Tage überlegte ich, was ich tun könnte, um Lenny zu helfen. Auch wenn ich persönlich noch nie mit der Problematik konfrontiert worden war, so wusste ich doch, dass man ins Leere schlägt, wenn man einen Alkoholiker, der wieder zu trinken angefangen hat, vom Alkohol fernhalten will. Es war schon schwer genug für mich, mit ihm umzugehen, wenn er nüchtern war, aber betrunken? Was sollte ich tun?

Es war nicht nur die Sorge um ihn, ich fühlte mich schuldig. Ich erinnerte mich an eine Geschichte, die ein Freund von mir einmal erzählt hatte, als er eine Zeit lang in Mikronesien auf der Insel Pohnpei gearbeitet hat. Die Leute dort schworen, dass sie sich wirklich ereignet hatte. Der Geschichte zufolge lebte ein junger, talentierter Läufer auf der Insel, der eines Tages einen schweren Autounfall hatte. Von da an war er beidseitig an den Beinen gelähmt. Die Ärzte behaupteten, er würde sie nie wieder bewegen können.

Irgendwann kam eine alte Frau in das Krankenhaus. Ihr Körper war schon ganz klapprig, so alt war sie. „Mein Gott!", sagte sie laut. „Das ist ungerecht! Warum nimmst du ihm seine jungen, kräftigen Beine weg? Nimm doch stattdessen lieber meine."

Ihre Bekannten berichten, dass sie danach nie wieder gehen konnte, der Junge aber wurde zum berühmtesten Läufer, den die Insel je gekannt hat. Während ich überlegte, was mit Lenny zu tun sei, musste ich an diese Geschichte denken. Es ist seltsam, wie die Dinge sich manchmal entwickeln. Es war gerade so, als hätte er meine Misere auf sich genommen und mir die Freude gegeben, die tief in ihm verborgen gewesen war.

Einige Tage später überlegte ich immer noch, wie ich Lenny helfen könnte, als ich einen Anruf von einem Mann erhielt, der sich als Arzt auswies.

„Könnte ich bitte mit Herrn ben Izzy sprechen?" Er hörte sich etwas älter an und war schroff.

„Am Apparat."

Eine lange Pause folgte; ich merkte, dass er verwirrt war. „Entschuldigen Sie bitte, ich muss mit Herrn ben Izzy sprechen. Ist Ihr Mann zu Hause?"

Ich versuchte so tief und laut wie möglich zu flüstern. „Ich bin … Herr ben Izzy."

Er räusperte sich und fuhr fort. „Gut. Es tut mir Leid, aber ich habe schlechte Neuigkeiten." Ich war etwas überrascht. Seit Monaten schon war ich nicht mehr bei einem Arzt gewesen. Was für schlechte Nachrichten wollte er mir also mitteilen?

„Nun, wir haben ihre Laborergebnisse erhalten, und unsere Befürchtungen haben sich bestätigt. Sie hat Krebs. Lungenkrebs im Spätstadium mit Metastasenbildung."

„Wer?"

„Wie bitte? Na, Ihre Mutter natürlich. Sie bat uns, Sie zu benachrichtigen, sobald die Ergebnisse der Operation bekannt seien."

„Operation?"

„Ja, heute Morgen. Wussten Sie das nicht? Hat Sie niemand davon in Kenntnis gesetzt?"

Ich konnte es nicht fassen.

„Es tut mir Leid. Es muss sich um ein Missverständnis handeln. Eigentlich hätte sich jemand aus dem Krankenhaus bei Ihnen melden sollen." Er atmete tief ein. „Ihre Mutter wurde gestern ins Krankenhaus eingeliefert. Sie sagte, dass sie seit über einem Monat von einer Erkältung geplagt wurde. Wir vermuteten, dass es sich um Bronchitis handelte, aber es stellte sich heraus, dass ihre Lunge versagt hat. Wir haben sie geröntgt, aber die Bilder waren nicht sehr aussagekräftig, also haben wir sie heute Morgen operiert, um genau festzustellen, was nicht Ordnung war. Um ehrlich zu sein: Es wäre nicht notwendig gewesen, auf die Laborergebnisse zu warten. Es sah dort drinnen sehr schlecht aus. Sie hat wohl nicht mehr lange zu leben."

Ich konnte nicht glauben, was ich da hörte. Ich musste an die Nachrichten denken, die meine Mutter mir auf dem Anrufbeantworter hinterlassen hatte. Sie hatte sich krank angehört. Zwar hatte sie sich nicht darüber beschwert – nicht im Geringsten – aber man konnte es ihrer Stimme entnehmen, mit der sie uns mitteilte wie in Ordnung doch alles sei. Benommen schrieb ich mir die Informationen auf, den Namen des Krankenhauses in Südkalifornien, die Telefonnummer usw.

„Wie lange noch?", fragte ich schließlich.

„Kommen Sie lieber sofort."

Es gibt eine Zen-Geschichte, die mich schon immer verfolgt hat. Darin geht es um einen Meister, der wichtige Aussagen auf eine ganz besondere Art und Weise unterstrich. Wenn er ausgesprochen hatte, sagte er mit erhobenem Zeigefinger: „Aha!"

Diese Geste war sein charakteristisches Merkmal, niemals hätte ein anderer Mönch sie benutzt. Allerdings ergab es sich, dass einer seiner Schüler, der diese Geste sehr oft sah, sie übernahm. Er tat das natürlich nie in Anwesenheit des Meisters, aber wenn er mit den anderen Schülern diskutierte und ein Argument anbrachte, hob er seine Hand, den Zeigefinger nach oben, genau wie sein Meister, und sagte: „Aha!"

Eines Tages bat der Meister ihn, vor die Klasse zu treten, um eine Frage zu beantworten. Der Schüler war mit seiner Antwort so zufrieden, dass er spontan seine Hand hob, der Zeigefinger in entsprechender Position, und „Aha!" sagte.

Die Klasse war über seine Unverfrorenheit äußerst erstaunt und wartete gebannt auf die Reaktion des Meisters. Dieser bat den Schüler gelassen, seine Antwort zu wiederholen. Er tat dies mit Freude und endete wieder mit der charakteristischen Geste und dem „Aha!" Diesmal aber griff der Meister nach seinem Handgelenk, zerrte seine Hand auf das Pult, zog ein Hackbeil dahinter hervor und hackte ihm den Finger ab. Der Schüler schrie jämmerlich und rannte davon, das Blut spritzte nur so aus seiner Hand. Noch bevor er die Tür erreicht hatte, rief der Lehrer nach ihm.

„Noch eines", sagte er.

„Was?", jammerte der Schüler.

Der Lehrer lächelte, hob seine Hand, Zeigefinger in entsprechender Position und sagte „Aha!"

Ich hatte diese Geschichte nie erzählt; seitdem ich sie zum ersten Mal gehört habe, habe ich versucht, sie zu verdrängen. Aber ausgerechnet an diese Geschichte musste ich denken, während das Flugzeug sich im Anflug auf den Internationalen Flughafen von Los Angeles befand. So ging Gott also vor. Gerade wenn man meinte, etwas im Leben verstanden zu haben, macht es – Bumm! Und einen Augenblick später: „Aha!"

Ich versuchte die Geschichte sowie meinen Zorn auf Gott zu verdrängen – ein Flugzeug ist ein denkbar schlechter Ort, um auf Gott böse zu sein. Stattdessen lenkte ich meinen Zorn auf die Flugbegleiter, die einen schlechten Service boten und billiges Salzgebäck verteilten, aber auch das gelang mir nicht richtig. Ich war auf mich böse. Böse darauf, dass ich mich so von meiner Mutter distanziert hatte. Böse, weil ich krank geworden war. Böse auf meine Stimme, die einfach nicht mehr funktionieren wollte.

Unter mir erstreckte sich meilenweit die Megastadt. In der Nähe des Flughafens sah ich riesige Parkplatzflächen, wo zehntausende von Autos geparkt waren, und die Autobahnen waren natürlich vom Freitagnachmittagsverkehr voll gestopft. In der dunklen Luft sah ich das endlose Straßennetz und quadratische Flächen mit Häusern, bis alles in Dunstschleiern verschwand. Als das Flugzeug landete, tat ich, was ich immer tat, wenn ich in Los Angeles ankam – ich hielt die Luft so lange an, wie ich nur konnte.

Ich wollte nicht darüber nachdenken, wo ich war und wohin ich nun gehen musste. Stattdessen ließ ich den vorangegangenen Tag Revue passieren. Nach dem Anruf des Arztes ereignete sich etwas Seltsames, eines dieser Ereignisse, die einen Tod begleiten. Elijah und Michaela stürmten ins Haus, um mir zu erzählen, dass sie einen toten Vogel auf der Veranda gefunden hatten.

„Wir müssen ihn begraben", sagte Elijah. Ich fand eine Schuhschachtel, die die Kinder mit Wandtapeten dekorierten, um einen Sarg daraus zu machen. Elijah schrieb vorsichtig „Vogel" auf die Schachtel, und Michaela dekorierte ihn mit Schmetterlingsaufklebern. Während wir den Vogel irgendwo in unserem Garten begruben, erklärte ich ihnen, so gut es ging, dass Großmutter Gladys bald sterben und sie bald zu einer richtigen Beerdigung gehen würden.

Taly stieß in dem Augenblick hinzu, als wir das Kaddisch-Gebet für den Vogel aufsagten. Danach spielten die Kinder weiter, ich erzählte ihr von meiner Mutter. Sie war zunächst fassungslos, dann stellte sie Fragen. „Haben Sie versucht …" und „Was ist mit …" – ich konnte keine ihrer Fragen beantworten. Während ich nach Kleidern suchte, die ich in meinen Koffer packen wollte, kam sie ins Zimmer und setzte sich auf das Bett. Sie winkte mich zu sich, aber ich folgte ihr nicht; ich war zu verärgert. Also saß sie da und schaute mir zu.

„Was wirst du tun?", fragte sie mich schließlich.

Ich zog die Schultern hoch und packte weiter.

„Es ist wichtig, Joel. Das ist das Leben."

„Es ist zum Kotzen", flüsterte ich und packte die Unterhosen ein, die ich gefunden hatte; nun suchte ich nach Socken.

„Das stimmt. Aber so ist das Leben nun mal. Dein Leben. Und es ist wichtig."

„Es ist zum Kotzen", wiederholte ich.

„Ja, das ist es. Aber das ändert nichts an der Tatsache, dass du etwas unternehmen musst."

„Zum Kotzen."

„Sie sind in der untersten Schublade, links." Ich hörte sie erst nicht, wühlte und fand ein halbes Dutzend zusammengerollte Socken. „Joel, das ist eine Chance, die dir gegeben wurde. Eine Chance, die wenige von uns bekommen und noch weniger nutzen."

Ich wusste, wovon sie sprach. Kurz nachdem wir zusammengekommen waren, war ihre Mutter gestorben, ebenfalls an Lungenkrebs. Als sie kurz vor dem Tode stand, flog Taly zu ihr, um die letzten Tage mit ihr zu verbringen. Sowie sie im Krankenhaus angekommen war, wandte sich ihre Mutter ihr zu und sagte „Wir müssen reden."

„Jetzt?", hatte Taly gefragt.

„Bald." Fünfzehn Minuten später fiel sie in ein Koma, aus dem sie nie wieder erwachte.

Ich sah, wie Taly diese Augenblicke in ihren Gedanken nochmals durchlebte. „Joel", sagte sie schließlich, „du musst dich von ihr verabschieden."

Ich griff wahllos nach ein paar Socken in der Schublade, ging zu ihr und flüsterte ihr ins Ohr: „Mich verabschieden? ... Wie zum Teufel ... soll ich ..."

„Joel, du verstehst nicht. Es ist an der Zeit, mit dem Selbstmitleid aufzuhören und dich von deiner Mutter zu verabschieden. Auch sie muss sich von dir verabschieden."

„Aber wie ..."

„Ich weiß es nicht. Aber ich vertraue dir. Und wenn du ihr gegenüberstehst, dann sag ihr alles, was du zu sagen hast. Warte nicht. Denn bald wird es das letzte Mal sein, dass du sie siehst."

Ich hatte noch nie so große Menschenmassen am Flughafen in Los Angeles gesehen, und während ich Schlange stand, um einen Wagen zu mieten, überlegte ich, was ich wohl tun würde, wenn ich meine Mutter sah. Ich versuchte sie mir vorzustellen und erinnerte mich an ein Foto auf dem Kaminsims, das an ihrem siebzigsten Geburtstag gemacht worden war. Sie trug ihr orange-rotes Partykleid und sah sehr glücklich aus. Das schien nun alles so lange zurückzuliegen. Ich erinnerte mich, wie stolz sie war, wenn sie mir, wie so oft, bei meinen Auftritten in verschiedenen Städten zugesehen hatte. Wieso hatten wir uns nur so auseinandergelebt? Sie hatte mich auf diese Welt gebracht, erinnerte ich mich selbst. Und nun war ich hierher gekommen, um sie hinauszubegleiten.

Als ich endlich ein Auto zugewiesen bekam, fuhr ich auf den Freeway, auf dem es nur sehr stockend voran ging. Und weil traurige Gedanken traurige Erinnerungen wachrufen, musste ich unweigerlich an den Tod meines Vaters denken. Er war in ein Pflegeheim gesteckt worden, nachdem das Krankenhaus ihn aufgegeben hatte. Als ich ihn eines Tages besuchte, erkannte mich ein Krankenpfleger und fragte mich, ob ich einmal Geschichten erzählen wolle. Ich tat es, aber der Auftritt war ein reines Desaster, mit abwesenden, verwirrten Zuschauern, die mit sich selbst sprachen und in Rollstühlen saßen, die so geparkt waren, dass die Leute in alle möglichen Richtungen schauten. Als ich mit der ersten Geschichte begann, rief eine Frau nach der Krankenschwester. Das Geschrei breitete sich aus, und ich verlor die Hälfte des Publikums, noch bevor ich mit der Geschichte zu Ende war. Aber mein Vater war auch noch da, in der ersten Reihe beugte er sich angestrengt in seinem Rollstuhl nach vorne und verdrehte sich den Hals, um sehen zu können. Er genoss jede Minute. Das war das letzte Mal, dass ich ihn sah, ich hatte keine andere Gelegenheit gehabt, mich von ihm zu verabschieden.

Während der Verkehr zum Stillstand gekommen war, kreisten meine Gedanken, und ich versuchte mich an das letzte Mal zu erinnern, dass ich meine Mutter in einem gesunden Zustand gesehen hatte. Es war zur Benefizshow, die ich anlässlich ihres siebzigsten Geburtstags in der Synagoge veranstaltet hatte. Dort war auch das Foto gemacht worden. Ich sah ihr Gesicht vor mir, voller Freude; Elijah und Michaela saßen auf beiden Seiten neben ihr. So wollte ich sie sehen, lachend und fröhlich. Ich dachte an einen Witz, den ich am Tag zuvor per E-Mail erhalten hatte. Es ging darin um einen Juden, der in England lebte und von der Königin in den Ritterstand erhoben wurde. Als sie ihn mit dem Schwert zum Ritter schlug und ihn Sir Cohen nannte, sollte er dem Protokoll zufolge einige lateinische Sätze sprechen. Aber als der Zeitpunkt gekommen war, vergaß er seine Sätze, und so sagte er einfach, was ihm in dem Augenblick in den Sinn kam, die erste der „vier Fragen": „Ma nish-tana-ha-leila ha-ze?" Die Königin schaute ihn eine Zeitlang verblüfft an, dann fragte sie: „Warum ist dieser Ritter anders als die anderen Ritter?"

Ich konnte sie fast lachen hören. Sie liebte diese Art von Witz. Das Timing war auch perfekt, denn Passah war eines ihrer Lieblingsfeste. Bis dahin waren es noch zwei Wochen, und ich fragte mich, ob sie es wohl noch erleben würde.

In Gedanken vertieft, verpasste ich meine Ausfahrt, was mich ärgerte, aber andererseits auch gut war. Den Kopf voller Witze, die ich unter keinen Umständen erzählen konnte, war ich in einer wenig geeigneten Gemütsverfassung, um meiner Mutter gegenüberzutreten. Ich fand, dass ich wenigstens meinen Hut aufziehen müsste, dann fiel mir ein, dass es ihn nicht mehr gab. Ich dachte an Lenny – was würde er jetzt wohl sagen? Ich sah ihn vor mir, wie er lächelte und sagte: „Hier ein weiteres Geschenk für dich Joel, du bist ein Glückspilz."

Das Wort Geschenk brachte mich darauf, dass ich nichts mitgebracht hatte, nicht einmal Blumen. Als ich die nächste Ausfahrt nahm und mich auf den beschwerlichen Rückweg zum Krankenhaus machte, sah ich ein riesiges Einkaufszentrum. Ich schaffte es, einen Parkplatz zu finden, ging hinein und stellte fest, dass sie alles verkauften, nur keine Blumen, zumindest keine echten. Plastikrosen. Plastikzweige. Plastikchrysanthemen – und das fand ich nun wirklich schlimmer als nichts. Ich war gerade dabei, wieder zu gehen, als ich schließlich etwas entdeckte, das eventuell hilfreich sein konnte – eine Zaubertafel. Eine von denen, die man beschriften und dann die Schrift wieder verschwinden lassen kann, indem man das Blatt hochschiebt. Sie war pink und lila, und am oberen Rand war ein Bild der Kleinen Meerjungfrau zu sehen. So würde ich Wörter, die sie nicht hören konnte, einfach aufschreiben, wie ich das immer tat, wenn ich mich mit meiner Mutter unterhielt.

Ich wusste nicht mehr, wo ich geparkt hatte, und es dauerte eine Weile, bis ich mein Auto wiederfand und losfuhr. Dann merkte ich, dass das Krankenhaus genau gegenüber von dem Einkaufszentrum war. Ich fuhr über die Straße, parkte abermals und schaute das Krankenhausgebäude hoch, suchte den vierten Stock und fragte mich, wo wohl Zimmer 413 war. Ich betrat das Krankenhaus unwillig, denn ich wusste, dass mir der Krankenhausgeruch entgegenschlagen würde. Während ich mich auf den Aufzug zubewegte, fielen mir ein Dutzend Orte ein, an denen ich lieber gewesen wäre, und ein Dutzend Dinge, die ich lieber getan hätte.

Ich fand ihr Zimmer schließlich und schaute durch das kleine Glasfenster. Da lag sie. Halb im Schlaf, den Arm voller Schläuche, die Haare ungekämmt – sie sah schrecklich aus. Sie trug einen gelben Krankenhauskittel, anstelle des sonst üblichen grünen oder blauen. Die Farbe war wohl dazu bestimmt, dem Ganzen einen freundlichen Anschein zu verleihen. Es wirkte aber nicht freundlich, sondern düster.

Ich trat leise ein und stellte mich an ihre Seite, einige Minuten blickte ich sie an. „Das ist meine Mutter", sagte ich mir immer wieder, als ob ich mich selbst daran erinnern müsste. „Ich werde sie nie wieder gesund sehen." Ich küsste sie vorsichtig auf die Stirn.

Ihre Augen öffneten sich. Sie erkannte mich, und ich sah, wie ihr Gesicht aufleuchtete. „Na, Kleiner, wie geht's?", sagte sie schwach. Sie hatte mich oft so begrüßt. Als ich nicht antwortete, fragte sie nochmals, „Wie geht es dir?"

Ich kannte den Ausdruck auf ihrem Gesicht nur zu gut – Hoffnung und Erwartung. Solange ich mich zurückerinnern konnte, lag dieser Ausdruck auf ihrem Gesicht. Es verlangte nach einer schönen Erzählung, nach einer Aufmunterung. Anstatt eine Antwort zu formulieren, zuckte ich mit den Schultern, meinen Kopf zur Seite geneigt, und machte ein Zeichen mit der Hand, das „nicht so gut" bedeutete. Dann nickte ich ihr zu, was so viel wie „Und dir?" bedeuten sollte.

„Mir?", sagte sie lächelnd. „Mir geht es gut." Diesmal klang es selbst aus ihrem Munde nicht sehr überzeugend. „Nun ja, nicht wirklich richtig gut."

Ich wartete.

„Ehrlich gesagt, geht es mir nicht so gut. Ich habe Lungenkrebs im Spätstadium mit Metastasenbildung." Sie artikulierte diese Wörter ganz besonders deutlich, als ob sie ihren Klang testete. Er gefiel ihr offensichtlich nicht, also sprach sie von etwas Angenehmerem. „Vor der Operation gestern haben sie mich zur Onkologin gebracht. So eine nette, junge Frau war das. Sehr geduldig. Sie spricht so deutlich, und ihr Büro ist ganz hübsch eingerichtet, überall hübsche Kunstwerke an den Wänden und genau in den Farben, die ich mag. Herbstfarben."

Das war eindeutig meine Mutter – wohl die einzige Frau auf Erden, die von einer Untersuchung bei ihrer Onkologin kam und ganz aufgeregt erzählte, wie hübsch ihre Praxis doch war. Ich wartete auf die Fortsetzung. Sie seufzte.

„Sie können ein paar Sachen probieren, Chemotherapie, Bestrahlung, aber es wird wohl nicht helfen. Er ist zu schnell und zu weit fortgeschritten." Das stimmte mit dem überein, was mir einmal ein Arzt gesagt hat, und zwar, dass Lungenkrebs bei Nichtrauchern paradoxerweise besonders schlimm ist. Wenn es sie trifft, dann frisst sich der Krebs durch den Körper wie ein Tornado. Sie wartete darauf, dass ich etwas sagte.

Seitdem ich meine Stimme Monate zuvor verloren hatte, habe ich sie mir nie so sehr zurückgewünscht wie in diesem Augenblick. Ich fühlte förmlich, wie die Worte in mir dazu drängten, ausgesprochen zu werden. „Mach dir keine Sorgen", würde ich sagen, „es wird schon wieder." Ich würde ihr eine Geschichte erzählen, den Passahwitz, irgendetwas, das sie zum Lachen brächte. Aber es ging nicht. Stattdessen hielt ich ihre Hand.

„Joel", sagte sie. „Ich werde sterben."

Sie schaute mich lange an, wartete immer noch auf eine Antwort. Ich nickte und hielt meine Tränen zurück.

„Weißt du", sagte sie, „Ich habe keine Angst zu sterben. Wirklich nicht. Ich stelle mir das so vor wie die erste Szene in *Meine Lieder, meine Träume*. Erinnerst du dich daran? Mit Julie Andrews, die über die Berge wandert?"

Ich nickte wieder, und sie fuhr fort: „Ich glaube, dass es dort wunderschön wird, auf der anderen Seite. Ich werde deinen Vater wiedersehen, und er wird aufrecht stehen können, groß und gesund sein. Und ich werde Großmutter Yetta sehen und Großvater Izzy, Tante Dinah und Onkel Sam – alle werden sie dort sein, und alle werden sie gesund sein, und sie werden mich erwarten. Und sie werden mir zurufen: ‚Willkommen, Glady!', und ich werde sie hören können."

Ich drückte ihre Hand und fühlte, wie sie den Druck erwiderte. Dann breitete sich ein dunkler Schatten über ihrem Gesicht aus. Ich sah ihre Tränen.

„Aber ich weiß nicht, wie ich dort hinkommen soll", sagte sie. „Der Berg ist zu steil und mein Koffer ist so schwer ..." Ihre Stimme ging hoch, als ob sie eine Frage stellen würde, eine Frage, die sie nicht zu stellen in der Lage war und die ich nicht beantworten konnte. Sie fragte mich, wie sie sterben sollte.

Wir verweilten sehr lange so – still. Ich dachte über diesen Koffer nach und darüber, was sich wohl darin befand. Ich habe meiner Mutter immer tragen geholfen – Gepäck, Möbel, Lebensmittel. Aber das hier war anders. Ich konnte ihr nicht helfen, und sie konnte das alles auch nicht alleine schleppen. Es musste alles wieder ausgepackt werden, das war die einzige Möglichkeit. Und das war nur möglich, wenn sie die Wahrheit sagte.

Da traf es mich plötzlich wie ein Blitzschlag. Ich sah ein Fahrrad und einen Fahrradkorb voller Sand. Ich konnte Lennys Worte hören. „Gott schickt dir eine Nachricht ... etwas so Offensichtliches, dass du es nicht sehen kannst ... Es lässt sich auf ein Wort reduzieren." *Zuhören.*

Ich griff in die Plastiktüte und holte meine Zaubertafel hervor. Mit dem lila Stift, der an der Seite befestigt war, schrieb ich: „Erzähl mir deine Geschichte."

Kapitel 10

Die Erdbeere

*E*in Zen-Meister war einmal in ein weit entferntes Dorf gereist. Da er sich sicher war, für den Zug zurück zu spät dran zu sein, beschloss er, einen Weg zu nehmen, den er für eine Abkürzung hielt.

Und so ging er bei Sonnenuntergang einen steilen Pfad entlang, von dem aus man weit in die Ferne blicken konnte. So bezaubert war er von der Aussicht, dass er nicht einmal darauf achtete, wohin er lief. Er kickte beim Gehen unbeabsichtigt einen Stein weg, und erst kurz darauf wurde ihm bewusst, dass er ihn nicht hatte aufschlagen hören.

Er stand da und stellte fest, dass er sich oben am Rand einer steilen Felswand befand. Wäre er auch nur einen Schritt weitergegangen, so wäre er in die Tiefe gestürzt.

Während er dort stand und die Berge in der Ferne bewunderte, wurde er von einem lauten Geräusch gestört. Er drehte sich um und sah, wie ein knurrender Tiger sich ihm gemächlich näherte. Er trat einen Schritt zur Seite, aber das führte nur dazu, dass der Boden unter ihm wegbrach. Während er kopfüber in die Tiefe rutschte, griff er nach allem Möglichen, was ihn vielleicht retten konnte. Einen Augenblick später fand er sich mit einer Hand an einem dornigen Ast hängend wieder, der aus einer Felsspalte herausschaute. Er schaute nach oben und sah, wie der Tiger sich die Lippen leckte.

Dann richtete er seine Augen suchend nach unten in den Abgrund hinein. Dort wartete ein zweiter Tiger und schaute ihn an.

Nach der bitteren Feststellung, dass sowohl über wie unter ihm ein Tiger wartete, kümmerte er sich wieder um seinen Ast, dessen Dornen ihm unerbittlich in die Hand stachen. Gleich neben dem Ast entdeckte er ein kleines Loch in der Felswand. Er schaute es sich genauer an und erblickte eine kleine schwarz-weiße Maus, die herausgekrochen kam. Sie huschte über ein Felsenriff auf den Zweig, schaute den Mann kurz an, dann den Tiger, und begann an dem Ast zu nagen.

Der Mönch schaute sich nach einer Alternative um, fand aber nichts. Schließlich entdeckte er neben sich eine kleine Pflanze, die allerdings doch etwas weiter weg war. Und natürlich war sie viel zu klein, um sein

Gewicht jemals aushalten zu können, aber er griff trotzdem danach. Sie hatte grüne Blätter, und als er diese zur Seite schob, sah er etwas Kleines, Rotes. Es war eine wilde Erdbeerpflanze mit einer reifen Erdbeere.

Er pflückte die Erdbeere und aß sie. Währenddessen dachte er: „Ist das Leben nicht süß?"

MEINE MUTTER LAS die Wörter auf der Zaubertafel.

„Meine Geschichte?" Sie schien erstaunt. „Du willst *meine* Geschichte hören?"

Ich nickte.

„Nicht ich bin hier der Geschichtenerzähler." Ich schüttelte den Kopf. „Ich wüsste nicht, wo ich anfangen sollte ..."

„Wo immer du auch anfängst", schrieb ich, „ist der Anfang." Sie las die Wörter und nickte. „Egal wo?"

Ich nickte. Sie blickte eine Zeit lang in die Ferne und schloss langsam ihre Augenlider. Als sie mich wieder anblickte, lächelte sie. „Ich dachte gerade nur an deinen Großvater Izzy", sagte sie, „und wie gerne er Ketchup aß."

Ich nickte abermals.

„Er gab es überall hinzu – auf Eier, auf Fleisch, auf Toast. Er sagte, es wäre sein amerikanisches Lieblingsessen." Ihr Lachen wurde unterbrochen; wenn sie lachte, dann musste sie husten und immer mehr husten; schließlich erzählte sie weiter, über seine Ketchupsammlung im Keller des Hauses in der Hyde Park Street und wie er einst eine Flasche aufgemacht hatte, deren Inhalt gegoren war, und wie das Ketchup an die Decke spritzte.

„Der Ketchupfleck an der Decke blieb uns danach erhalten. Wenn wir Leute zu Besuch hatten, zeigten wir ihn ihnen ..."

Während sie sprach, löste sich der Raum um uns auf: die hässlichen Vorhänge, die medizinischen Instrumente, die Rolltische, die Tabletts – alles verschwand. Wir befanden uns auf einmal in Cleveland in der Zeit vor dem Zweiten Weltkrieg. Ich erfuhr, wie sie zum ersten Mal mit der Straßenbahn ins Stadtzentrum fuhr, um Schokoladenphospat zu besorgen, was für ein magischer Ort der Schrottplatz ihres Cousins Leonard war, wie sie mit ihrem Vater, der eine Matratzenfabrik besaß, sonntagnachmittags Matratzen in die Vororte lieferte.

„Habe ich dir je von unserem Haus an der Hyde Park Street erzählt?" Ich schüttelte den Kopf. Natürlich hatte sie mir davon erzählt, viele Male, allerdings immer nebenbei, so als ob sie davon ausginge, dass ich das alles schon kannte. Nun beschrieb sie mir jeden einzelnen Raum und Korridor, den Geruch von Mandelkeksen, die ihre Mutter buk, die Maulbeerfeigenbäume im Vorgarten und den Keller. „Dort traf sich der Cousinenclub, direkt unter dem Ketchupfleck", sagte sie, „er bestand aus mir, Norma, Nortie, Morrie, Leonard und der Cousine Manny."

Sie erzählte von Onkel Sam – ein kleiner, netter, ruhiger Mann, der fünfundsiebzig Jahre mit meiner Tante Dinah verheiratet gewesen ist. „Bei einer Party überraschte er uns alle einmal, als er lauthals verkündete, dass er stark genug sei, ein Telefonbuch in zwei Teile zu zerreißen. Er war doch so zierlich – und er kam so selten aus sich heraus. Alle hielten den Atem an, als der Gastgeber ihm die Gelben Seiten von Cleveland brachte und sagte: ‚Bitte, nur zu!' Und er tat es – eine Seite nach der anderen."

Es waren einfache, schlichte Geschichten, die sie mir nie erzählt hatte. Und selbst jetzt schien sie sich darüber zu wundern, dass sie mich interessierten. „Ich hätte nie gedacht, dass dich das interessieren würde."

Aber das tat es. Während sie sprach, spürte ich, wie ich in eine andere Welt transportiert wurde, eine Welt voller Delikatessen, in der Onkel Louie saure Gurken in die Hosentasche steckte und mit nach Hause nahm, weil er sie so mochte; in eine Welt, in der es den *Cleveland Plain Dealer* gibt, wo meine Mutter ihren ersten Tag als Reporterin arbeitete, und wo es das Sommerfreizeitlager *Camp Wise* gab, wo sie als Betreuerin gearbeitet hat.

„Dann stieß in einem Jahr ein neuer Betreuer hinzu. Er war der bestaussehende junge Mann, dem ich je begegnet bin. Er war groß und gewandt und erzählte immer Witze und Geschichten. Die Kinder liebten ihn. An einem Abend spielte er Violine – es war wunderschön. Er sagte, dass er verreisen würde, er wollte nach Palästina in einen Kibbuz …"

So habe ich meinen Vater nie beschrieben bekommen. Auch hörte ich zum ersten Mal, wie sie sich begegnet sind, wie sie ihre Träume miteinander verbunden haben und nach Kalifornien gereist sind – und wie schön es dort war. Ihre Geschichten waren bespickt mit Namen von Leuten, denen sie begegnet waren, wie Langholz oder Schleimer, Leute, die ich von klein auf kannte. Aber jetzt, da sie von ihnen aus einer Zeit berichtete, in der meine Brüder und ich noch nicht existierten, nahmen sie eine fast mythische Gestalt an. Südkalifornien strahlte plötzlich eine Schönheit aus, die ich nie gesehen habe; ich konnte die Orangenblüten förmlich riechen.

Dann hörte es auf. Sie seufzte einfach, hustete noch etwas mehr und zuckte die Achseln.

„Was könnte ich noch erzählen?", fragte sie.

Ich dachte an Taly, die mir empfohlen hatte, nichts ungesagt zu lassen. Ich dachte an Lennys Gesichtsausdruck, als er sagte: „Ich glaube, du steckst in Chelm fest." Ich holte die Kleine Meerjungfrau hervor, nahm den Zauberstift zu Hand und schrieb: „Was ist im Koffer?"

Sie schaute sich meine Frage an, dann blickte sie auf den Boden, als stünde der Koffer genau dort, schließlich sah sie mich mit flehenden Augen wieder an, als wollte sie sagen: *Bitte tu mir das nicht an.*

Aber es führte kein Weg daran vorbei. Wir hatten unter der Straßenlaterne gesucht, aber nichts gefunden. Ich wartete, und als sie immer noch nicht antwortete, löschte ich das Geschriebene weg und schrieb:

„Die Wahrheit."

„Aber das ist wahr –", wehrte sie sich.

Es gab keinen Weg zurück. Dieses Mal schrieb ich auf das Zaubertäfelchen: „Großmutter A".

Sie war sichtlich erschüttert, so als hätte ich ein schmutziges Wort auf die Tafel geschrieben. „Warum sollte sie jetzt davon anfangen? Den Alptraum noch einmal durchleben?"

Ja, warum eigentlich? Ich fragte es mich selbst. Und dann schrieb ich wieder „Koffer?"

Sie verstand. „Nun, sie hatte ihre Probleme …", brachte sie schließlich hervor. Das hatte sie jahrelang gesagt.

Ich nickte ihr als Zeichen dafür, dass sie fortfahren sollte, auch wenn ich sah, dass sie nicht wollte. Ich wartete.

„Dein Vater sorgte dafür, dass ich sie bis zur Hochzeit nicht kennen lernte. Wäre es davor dazu gekommen, hätte ich deinen Vater vielleicht nicht geheiratet. Ich flehte ihn an, sich ihr gegenüber durchzusetzen. Er versuchte es, aber er schaffte es nicht."

Meine Mutter schüttelte den Kopf, und ich sah, wie der Ärger in ihr aufstieg, aber sie verdrängte ihn wieder. „Sie machte die besten Plinsen. Kannst du dich daran erinnern?"

Ich erinnerte mich; ich nickte.

„Sie gab sie deinem Vater und sagte ihm, er solle mein Essen nicht anrühren, denn ich wolle ihn nur vergiften." Der Ärger war wieder da.

„Sie war furchtbar. Sie vermieste uns unser Leben. Diese Hexe …"

Sie hielt inne, war über ihre eigenen Worte schockiert. Aber sie hatte es gesagt. Es war, als hätte sie ein magisches Wort ausgesprochen. Meine Mutter, die Zeit ihres Lebens nie ein schlechtes Wort über einen anderen Menschen gesagt hatte, hatte den Bann gebrochen. Sie wartete kurz, das Wort „Hexe" lag noch in der Luft. Sie schien etwas überrascht, für diese Untat noch nicht bestraft und vom Blitz getroffen worden zu sein. Sie fuhr fort. „Sie war eine Hexe. Sie hasste mich. Ich weiß nicht, warum. Es war nicht nur, dass ich nicht gut genug für ihren Sohn war. Sie dachte, ich sei die Ursache allen Übels auf der ganzen Welt. Sie sagte, ich sei ein Hitler. Sie spuckte mir ins Gesicht …"

Die Schleusen öffneten sich. Ich erfuhr nun alles über meine böse Großmutter und wie sie meine Mutter und meinen Vater durch Kalifornien gejagt hatte. Ich erfuhr, wie es war, mit meinem Vater zusammengelebt zu haben und zu sehen, wie seine Träume unerfüllt blieben, nachdem ein Vorhaben nach dem anderen zum Scheitern verurteilt war; wie unser Haushalt finanziell zusammenbrach; wie sein Körper nachließ und wie die manische Depression anfing. Er ergriff Maßnahmen, die allesamt fehlschlugen, baute ein Luftschloss nach dem anderen, was uns nur noch mehr Schulden aufbürdete. „Es war, als ob ich dabei zugesehen hätte, wie das Haus niederbrannte, ganz langsam, über die Jahre hinweg. Und ich konnte ihn nicht aufhalten …"

Sie erzählte mir von Dingen, die sich ereignet haben, bevor ich auf der Welt war, und von denen ich nichts wusste. Sie war fünf Mal schwanger gewesen. Die anderen beiden Babys waren Mädchen gewesen. Das eine wurde tot geboren und das andere, sie hatte sie Mary genannt, starb eine Stunde nach der Geburt. Ich dachte an Michaela und daran, wie stolz meine Mutter gewesen war, als sie sie das erste Mal gehalten hatte.

Kummer kennt keine Grenzen, und ihrer brachte sie in die Vergangenheit zurück. Sie erzählte nun wieder von ihrer idyllischen Jugendzeit, vom Haus an der Hyde Park Street, aber diesmal erzählte sie auch von ihrem Onkel, der Selbstmord begangen hatte, von Streitereien, von der Depression ihres Vaters und von seinem Gesichtsausdruck, wenn er von der Elektroschocktherapie zurückkam.

Ich sah, dass sie erschöpft war und doch aufgewühlt. Sie atmete schwer und hustete. Aber sie strahlte etwas aus, ein Licht, dass ich seit meiner Kindheit nicht mehr gesehen hatte. Ich dachte, es wäre an der Zeit, sie ausruhen zu lassen, aber sie konnte nicht aufhören. Sie erzählte mir, wie furchtbar es gewesen war, ihren eigenen Vater – meinen Großvater Izzy – an Lungenkrebs sterben zu sehen. „Ich war nach Cleveland zurückgeflogen. Nat King Cole war zum gleichen Zeitpunkt im gleichen Krankenhaus. Auch er lag im Sterben, auch er hatte

Lungenkrebs. Ich erinnere mich daran, dass sie ein Mikrofon in Nat King Coles Zimmer installiert haben, so dass er für das ganze Krankenhaus singen konnte. Er sang *Mona Lisa*."

Sie wandte sich ab, als blickte sie noch mal in die Vergangenheit zurück, ich sah, wie sie Nat King Cole zuhörte. „Wir alle lauschten der Musik – ich, dein Großvater Izzy, deine Großmutter Yetta, die Krankenschwestern –, es war mucksmäuschenstill. Wir schauten alle zum gleichen Lautsprecher empor. Seine Stimme war so sanft, so weich. Auch durch die schlechte Lautsprecheranlage des Krankenhauses klang sie wie Seide."

Damit endete sie, mit dem Klang seiner Stimme. Sie hatte eine weitere Türe aufgestoßen, und ich wusste, dass es schwer war, hindurchzugehen. Meine Mutter hatte die letzten fünfundzwanzig Jahre damit verbracht, das Beste aus ihrem Hörverlust zu machen. Von all den Dingen, über die sie sich jahrelang nicht beschwert hatte, war das wohl das Schmerzhafteste. Ich hatte versucht, mir vorzustellen, wie es über die Jahre für sie gewesen sein muss, als die Welt leiser und leiser wurde. Und die ganze Zeit über hatte sie sich nie selbst bemitleidet. Sie hatte weder Gott noch ihr Schicksal verflucht.

Ich holte tief Luft, um mich selbst auf diesen Teil der Geschichte vorzubereiten. Aber als ich sie anblickte, lächelte sie. Ich wusste nicht so recht, warum.

„Ich dachte gerade an Blanche", erklärte sie, „und an ein Konzert, zu dem sie mich letztes Jahr zu meinem Geburtstag eingeladen hatte. Nun, ich brachte sie dorthin – ich bin gefahren." Eine der besten Freundinnen meiner Mutter, Blanche, ist fast blind. „Es fand im Ambassador Auditorium statt – sie spielten die Sechste Symphonie von Beethoven, die Pastorale." Ihr Blick verklärte sich.

Ich war etwas verblüfft. „Konntest du etwas hören?", schrieb ich.

Sie schüttelte den Kopf. „Ein kleines bisschen. Es hörte sich alles weit weg an. Aber man kann einem Konzert auch anders zuhören. Ich hörte es in der Art und Weise, wie der Dirigent seinen Stab schwang, und darin, wie die Instrumente ihm folgten. Ich schaute Blanche an und fühlte die Musik durch sie. Und dann schloss ich die Augen und spürte sie durch die Armlehnen hindurch. Die Musik war so vollmundig – wie Schokolade."

Nach einer Weile sagte sie: „Ist es nicht seltsam, was uns Gott nimmt? Und was er uns stattdessen gibt? Als ich jung war und noch hören konnte, liebte ich es, Musik zu hören. Ich liebte es, deinem Vater beim Violinespielen zuzuhören, Platten zu hören, zu tanzen. Aber nie habe ich Musik so sehr genossen wie an jenem Abend bei diesem Konzert."

Ich war so in ihre Beschreibung vertieft, dass mir nicht aufgefallen war, dass eine Krankenschwester hereingekommen war. Sie fuchtelte an irgendwelchen Tüten herum.

„Ach wie nett", sagte die Krankenschwester, eine große Frau mit dichtem, blondem Haar. „Sie haben Besuch."

„Mein Sohn", erklärte meine Mutter. „Der jüngste. Er wohnt in Berkeley – er ist Geschichtenerzähler von Beruf."

„Geschichtenerzähler", wiederholte sie. „Wie nett."

Ich nickte zustimmend.

„Und er hat eine schöne Frau und zwei prächtige Kinder", fügte meine Mutter hinzu, und sie drehte sich weg und tat so, als ob sie spuckte: *pf, pf, pf.* Es war gleichzeitig komisch und liebenswert, ihr dabei zuzusehen, wie sie spuckte, um den bösen Blick fernzuhalten, während sie selbst gerade an Lungenkrebs starb. Glücklicherweise schien die Krankenschwester nicht zum Schwatzen aufgelegt, und so tat sie ihre Arbeit und verließ das Zimmer.

„Und du?", fragte sie. „Was gibt es bei dir? Nun habe ich die ganze Zeit gesprochen. Wie geht es dir, Joel? Ich habe dich noch nie so ruhig gesehen." Ich spürte, wie sie mich ansah und mein Gesicht erforschte. „Irgendetwas stimmt nicht, nicht wahr? Es geht dir nicht gut."

Ich nickte. Sie hatte mir die Wahrheit gesagt, nun war ich an der Reihe.

„Warum so still?", fragte sie nochmals. „Seitdem du hier bist, hast du noch keinen Ton von dir gegeben." Ich holte wieder die Zaubertafel hervor und schrieb: „Ich habe meine Stimme verloren."

Verblüffung war von ihrem Gesicht abzulesen. „Hast du Laryngitis?", fragte sie.

Ich schüttelte den Kopf. „Krebs", schrieb ich.

Während sie das Wort wieder und wieder las, verwandelte sich die Verblüffung in Entsetzen. „Krebs?", las sie. „Ich verstehe nicht. Seit wann? Warum?"

Dann schossen die Fragen aus ihr heraus. Dutzende von Fragen. Ich bemühte mich, sie zu beantworten, indem ich schrieb, löschte und wieder schrieb, bis sie mir Zeichen gab, aufzuhören, und auf eine kleine, schwarze Schachtel neben ihrem Bett zeigte. Ich brachte sie ihr und öffnete sie. Darin befand sich das kleine Mikrofon mit einem langen Kabel, es war das gleiche, das wir früher manchmal bei Restaurantbesuchen mit wenig Erfolg benutzt hatten.

Ich schüttelte den Kopf. Wie sollte das funktionieren?

Sie stöpselte ein Ende in eine andere Schachtel, die mit ihrem Hörgerät verbunden war.

Ich versuchte es. Sie hörte angestrengt hin und reagierte nicht, als ich hineinflüsterte: „Test eins, zwei, drei ..." Dann leuchteten ihre Augen auf, als ob ihr plötzlich etwas eingefallen wäre, sie beugte sich vor und machte es an. Ihr Hörgerät quietschte laut, und sie machte so lange daran herum, bis es aufhörte.

„Versuch es jetzt."

Ich flüsterte und betonte jedes Wort überdeutlich. Dieses Mal nickte sie.

„Es hört sich so an, als ob du dich auf einem Berggipfel befinden würdest, sehr weit weg. Aber wenn du sehr langsam sprichst, kann ich dich hören."

Ich holte tief Atem und fing mit meiner Geschichte an. Nach jedem Satz wartete ich auf ein Zeichen, um sicherzustellen, dass sie mich auch verstanden hatte. Hatte sie nicht verstanden, wiederholte ich den Satz noch einmal und betonte meine Worte noch deutlicher. Wenn sie mich verstand, sah ich genau, was für eine Wirkung das auf sie hatte. Es brach ihr das Herz. Ihr Gesicht wurde dunkler und dunkler, während sie mir zuhörte. Es tat mir weh, und es war umso schwerer, als ich jedes Mal, wenn ich innehielt, tief einatmete und eine Stimme in mir schreien hörte: *Was zum Teufel machst du da? Ist es nicht schlimm genug, dass deine Mutter im Sterben liegt – muss sie das wirklich alles mit anhören?*

Aber ich konnte nicht aufhören. Wir hatten das Gute-Neuigkeiten-Übereinkommen gebrochen. In ihren Augen sah ich, wie mein Leben in Flammen aufging, wie ein Bild. Es war das Bild, das sie sich von mir gemacht und so lange Jahre mit sich herumgetragen hatte. Ich kannte es nur zu gut, denn ich war dafür Modell gestanden, schön brav, ohne aufzumucken, und das schon seit meiner Kindheit. Ich sah meine Abschlüsse, Auftritte und Erfolge darin – „Porträt eines erfolgreichen Sohnes". Jetzt ging es in Flammen auf.

Als ich fertig war, tat ich etwas, was ich seit dem Morgen, an dem ich ohne Stimme aufgewacht war, nicht getan, nicht zugelassen hatte: Ich weinte. Und meine Mutter reagierte auf eine Art und Weise, wie sie das schon sehr lange nicht mehr getan hatte – sie nahm mich in ihre Arme. Krank wie sie war, an Krebs sterbend, half sie mir, kümmerte sich um mich, wie sie es seit meiner Kindheit nicht mehr getan hatte.

Wir verweilten eine Zeit lang so. Ich wollte nicht gehen. Ich hatte meine Mutter gefunden. Wir sagten nicht ein Wort und versuchten es auch nicht. Es war nicht notwendig. Es war einer dieser Momente im Leben, an dem Worte überflüssig waren.

Draußen wurde es dunkel. Ich sah, dass meine Mama erschöpft war. Sie musste dringend schlafen. Ich ließ sie los und küsste sie auf ihre Stirn. Sie nickte, sie verstand, dass es an der Zeit war zu gehen.

Und doch hatte sie einen Gesichtsausdruck, den ich noch nie zuvor gesehen hatte. Sie wirkte wie eine neue Mutter.

Ich ging aus der Türe. Als sie zufiel, sah ich noch einmal durch das Fenster zu ihr. *Das ist meine Mutter*, sagte ich mir selbst. Ich mochte den Klang dieser Wörter. Und während ich sie ansah, hörte ich ihre Stimme, die, wie so oft Jahre zuvor, diesen Satz sagte: „Eine Tür schließt sich, ein Fenster öffnet sich."

Kapitel 11

Hershels letztes Lachen

*D*er berühmteste Hofnarr Ostropols starb wie er gelebt hatte – scherzend.

Als sein Ende nahte, versammelten sich die Leute aus dem Dorf um sein Bett. Er war zu schwach und zu erschöpft, um sprechen zu können.

„Hershel", sagte der Rabbi. „Du liegst im Sterben, wirst du nun zu guter Letzt noch etwas Ernsthaftigkeit an den Tag legen?"

„Warum jetzt noch damit anfangen?", fragte Hershel.

„Aber Hershel, in wenigen Minuten wird der Todesengel zu dir kommen. Und er wird dich nach deinem Namen fragen – was wirst du antworten?"

„Ich werde ihm sagen, dass ich Moses bin."

„Aber er sieht doch genau, dass du nicht Moses bist – sondern Hershel!"

„Warum fragt er dann überhaupt?"

„Er wird dich fragen, was du aus deinem Leben gemacht hast. Wie du dich verbessert hast, was du für die Welt getan hast. Was wirst du antworten?"

„Ich werde ihm sagen", antwortete Hershel, „dass ich meine Socken ausgebessert habe."

Hershel lag nun wirklich in den letzten Zügen. „Ich habe nur einen letzten Wunsch", sagte er vollkommen entkräftet. „Kommt etwas näher." Alle rückten etwas näher. „Folgendes, wenn ihr mich in den Sarg legt, dann bitte ich euch inständig, packt mich nicht unter den Armen an."

Und mit diesen Worten schloss er seine Augen und starb.

Im Raum herrschte Stille. Solch ein seltsamer Wunsch. Dann fragten sie alle auf einmal: „Warum? Hershel – sag uns warum!"

Kurz darauf öffnete Hershel seine Augen und sprach aus der anderen Welt. „Ich war dort schon immer ein bisschen kitzlig."

Ich erzählte diese Geschichte zur Beerdigung meiner Mutter, genauso wie zwölf Jahre zuvor bei meinem Vater. Sie hatte es sich so gewünscht – zu ihrer Beerdigung sollte eine ausgelassene Stimmung herrschen.

„Die Leute sollen feiern." Der Krankenwagen hatte sie in ihre Eigentumswohnung zurückgebracht, wo sie auf den Tod warten sollte. „Mein Leben ist ein Segen gewesen. Ich möchte mein rot-orangenes Partykleid tragen – das Kleid, das ich für meinen siebzigsten Geburtstag gekauft habe, erinnerst du dich?"

„Weißt du, ich war schon auf so vielen Beerdigungen und habe dort so viele Tränen vergossen, genauso wie meine Freunde auch. Sie dürfen weinen, aber sie sollen auch singen, und zwar das Lied aus *Meine Träume, meine Lieder*, so laut sie nur können, so dass auch ich sie hören kann. Und sie sollen auch lachen. Joel, wirst du Geschichten erzählen?"

Ihr Wunsch kam unerwartet. Ich zuckte mit den Achseln.

„So wie du es auf der Beerdigung deines Vaters gemacht hast. Die gleichen Geschichten – die von Hershel und von Chelm. Wirst du das machen?"

Ich nickte, hatte aber nicht die geringste Ahnung, wie ich das fertig bringen sollte.

„Mach dir keine Sorgen", sagte sie, „du kannst flüstern, sie werden dich schon verstehen."

Ich verbrachte diese letzten Nachmittage mit meiner Mutter; wir organisierten die Beerdigung, und sie erzählte ihre Geschichten. Wenn sie abends einschlief, dann vertrat ich mir in der Nähe ihrer Wohnung die Beine. Ich hatte diese Straßen immer vermieden – Einkaufszentren, so weit das Auge reichte, Fastfood-Restaurants, quadratische Zementblöcke. Um die Ecke gab es einen Supermarkt, der alleine fünf Morgen für sich in Anspruch, nahm und gegenüber ein Einkaufszentrum, das so riesig war, dass die Leute für gewöhnlich im Auto von einem

Ende zum anderen fuhren. Ich war alleine, es waren keine anderen Menschen auf der Straße, nur eine endlose Autoschlange.

Meine Mutter hatte sich hier immer wohl gefühlt, in ihrer Wohnung, in ihrer Nachbarschaft und in den kleinen Läden, die sich in den Betongebäuden versteckten. Während ich so umherlief, erinnerte ich mich an etwas, das sich viele Jahre zuvor ereignet hatte, als mein Vater im Sterben lag. Ich hatte meine Mutter mit dem Auto irgendwohin begleitet, Richtung Osten, auf dem Freeway 10, auf halber Höhe zu San Bernardino, sie wollte dort etwas abholen. Ich weiß nicht mehr, was es war – irgendein Formular, Papierkram. Das Einzige, woran ich mich erinnere ist, dass ich das Gefühl hatte, im Nirgendwo verloren zu sein. Wir kamen endlich an, es war eine Schule für Erwachsenenbildung, die komplett aus Betongebäuden bestand und wo man uns mitteilte, dass, worauf immer wir auch warteten, es nicht bereit sei und wir mindestens eine Stunde zu warten hätten. Wir setzten uns in einen Hof, wo es so heiß war, dass man den Dampf aus dem Boden aufsteigen sah. In der Nähe stand eine wackelige, von Stacheldraht umzäunte Konstruktion. Und so warteten wir, sie lächelte, ich dampfte vor Hitze, bis sie schließlich sagte:

„Ist das nicht schön?"

„Schön? Was soll schön sein?"

Sie deutete auf die Stacheldrahtkonstruktion.

„Was ist das?"

„Ein Vogelhaus. Siehst du das nicht?" Ich blinzelte. Sie hatte Recht.

„Es wurde von einer Klasse lernschwacher Erwachsener gebaut. Sie haben noch keine Vögel hineingetan, aber eines Tages werden sie das tun. Das wird mit Sicherheit schön, nicht wahr?"

Während ich an dieses Vogelhaus dachte und dann wieder an meine Mutter, entstanden zwei Bilder in meinem Kopf. Das eine war das einer äußerst schlichten Frau, die gelernt hatte,

Enttäuschungen ruhig hinzunehmen, wie man das eben tut, wenn Träume unaufhörlich zerrinnen. Das andere war das einer Frau, die mit dem wenigen zurecht kam, das man ihr gegeben hat, und die selbst dort noch eine gewisse Schönheit im Leben entdeckt, wo es keine zu geben schien: Ihren Tod hat sie mit einer Fassung getragen, wie ich es noch nie zuvor gesehen hatte.

Ich ertappte mich, wie ich zwischen diesen Bildern hin- und herschaltete, als müsste ich mich für eines entscheiden. Dann dachte ich an Lenny. Was würde er wohl gesagt haben, wenn er da gewesen wäre?

„Wieder ein Rätsel", hätte er gesagt, „du musst das Rätsel lieben. Wie in der Geschichte, als zwei Männer sich auf eine Sache nicht einigen können und den Rabbi in Chelm um Rat bitten. Nachdem der Rabbi ihnen aufmerksam zugehört hat, streicht er durch seinen Bart und sagt schließlich zum einen: ‚Einerseits hast du Recht …', und er wendet sich an den anderen: ‚… und andererseits hast du Recht.'

‚Aber Rabbi', sagt ein Dritter. ‚Sie können nicht beide Recht haben.' Der Rabbi nickt zustimmend und sagt: ‚Auch du hast Recht.'"

Natürlich hatte Lenny Recht gehabt, es war nicht an mir, über sie zu urteilen. Sie war meine Mutter, und ich konnte mich glücklich schätzen, sie nach so langer Zeit gefunden zu haben. Was zählte, war, dass ich sie liebte. Während ich mir dessen bewusst wurde, verschmolzen die Bilder zu einem.

Meine Mutter starb schnell. Der Atem wurde zunehmend feuchter und schwerfälliger, und sie konnte nicht mehr essen. Taly und die Kinder flogen zu ihr, um sich zu verabschieden. Es war Passah, und weil sie zu keinem Fest gehen konnte, veranstalteten wir in verkürzter Form eines für sie. Wir ließen das Essen aus, stattdessen sangen wir und erzählten Geschichten. Michaela sang die Lieder, die sie in der Kindergruppe gelernt hatte, über Moses im Fluss, über Pharaonen und Frösche. Elijah sang die „vier Fragen". Dann erzählte er ihr die Geschichte von Passah. Es war eine schöne Geschichte, genauso wie ich sie ihm ein Jahr zuvor erzählt hatte. Als er zu der Stelle kam, an der es darum geht, dass Moses nicht redegewandt ist, hielt er inne und fügte dann hinzu: „Wie mein Papa."

Meine Mutter hörte zu, sprechen konnte sie nicht mehr, aber ich sah den Stolz in ihren Augen, als sie zunächst Elijah anschaute und dann mich. Ich kannte das Gefühl, voller Stolz von ihr angeschaut zu werden, bei meinen Auftritten hatte sie das oft getan. Es waren die Blicke, für die ich mein Leben lang so hart gearbeitet hatte und die mich ungemein bereichert haben. Die Blicke, die wir nun austauschten, waren anders, es war schlicht und ergreifend gegenseitige Anerkennung.

In dieser Nacht kam der Todesengel zu ihr. In dem Augenblick, als sie starb, wachte ich auf und wusste, dass sie von uns gegangen war. Ich fühlte mich so, wie sich jeder fühlt, der seinen zweiten Elternteil verliert, egal wie alt dieser ist, und obwohl ich nichts sagte, verstand Taly sofort. „Mein kleines Waisenkind", sagte sie und nahm mich in ihre Arme.

In jeder Kultur verabschiedet man sich auf eine andere Art und Weise von seinen Toten. In Nepal legt man die Leiche auf eine Bergspitze und gibt sie so den Geiern zum Fraß. Das soll zeigen, dass es sich um einen seelenlosen Körper handelt. Die Inuit legen die Leiche in ein Kanu und lassen dieses ins offene Meer treiben.

Das Judentum legt Wert darauf, der Trauergemeinde zum Bewusstsein zu bringen, dass die entsprechende Person wirklich tot ist, damit der Trauerprozess beginnen kann. Humor ist eine Möglichkeit, die Trauer zu überwinden, denn Schmerz und Freude sind unzertrennbar; ein kleines Lächeln kann den Schmerz vertreiben. Vielleicht hatte sich meine Mutter auch deswegen gewünscht, dass ich Geschichten erzähle.

Die Vorstellung aber machte mir Angst. Seit der Bar-Mizwa-Feier, sechs Monate zuvor, hatte ich keine Geschichten in der Öffentlichkeit erzählt. Nun war ich ein anderer Mensch, ich war nicht mehr der Darsteller.

Ich sah, wie sich die Kapelle mit vertrauten Gesichtern füllte. Sie hatten mir bei meinen Auftritten zugeschaut, als ich jung war, und ich wusste, dass meine Mutter ihnen über mein Geschichtenerzählen berichtet hatte, aber viele dieser Menschen hatte ich nun schon Jahre nicht mehr gesehen, in den meisten Fällen zuletzt zur Bestattung meines Vaters.

Der Rabbi betrat den Saal, ein freundlicher, junger Mann, der meine Mutter gut gekannt hatte. Er umarmte meine Brüder und mich und wandte sich dann zu mir; er hatte meine Angst gespürt.

„Bist du dazu wirklich bereit?", fragte er.

Ich nickte.

„Ich weiß, dass sie sich das gewünscht hat", sagte er.

Dann stellte ich mich vor die Trauergemeinde und erforschte die unterschiedlichen Gesichter. Ich wusste wohl, welche Geschichten ich erzählen wollte, aber ich wusste nicht mehr wie.

Ich blickte zum Rabbi, der mir zunickte, und zu meinen Brüdern und Tanten. Dann schaute ich wieder in die Gesichter der Menschen im Saal, Gesichter, die ich mein ganzes Leben lang gekannt, aber sehr lange nicht mehr gesehen hatte, bis heute. Jedes von ihnen strahlte Wärme, Freundlichkeit und Anstand aus, was ich zuvor nicht zu schätzen gewusst hatte. Als ich sie anblickte, hatte ich das Gefühl, dass sie mir die Last abnahmen. Ich dachte an Lennys Worte: „Lass die Geschichte durch dein Herz fließen." Ich beugte mich zum Mikrofon vor und flüsterte: „Ich möchte … euch … erzählen, wie mutig meine Mutter war."

…

Im Judentum ist es Brauch, dass die Trauergemeinde den Sarg in der Erde bestattet. „Aber", erklärte der Rabbi, „wir halten die Schaufel auf eine bestimmte Art und Weise." Er nahm die Schaufel und drehte sie auf den Kopf. „Das soll uns daran erinnern", sagte er, „dass wir keine gewöhnliche Tätigkeit ausüben, sondern dass wir etwas Heiliges tun."

Wir versammelten uns um das Grab und begannen zu schaufeln; gleichzeitig hielten wir uns gegenseitig die Regenschirme, weil es leicht zu tröpfeln angefangen hatte. Eine der ältesten Freundinnen meiner Mutter hatte einen Brief mitgebracht, den meine Mutter etwa fünfunddreißig Jahre zuvor verfasst hatte, als meine Brüder und ich noch klein waren. Eine andere Freundin erinnerte sich daran, wie sie meinen Eltern zum ersten Mal begegnet war und wie wir Jungs uns auf dem Autodach austobten.

Das ist das Schöne an Geschichten: Was immer man von sich einbringt, man bekommt immer mehr zurück – wenn man zuhört. Wir standen um das Grab, die Geschichten flossen nur so aus ihnen heraus, während der Regen immer stärker wurde.

Hin und wieder sah ich zu Elijah, der von dieser neuen Schaufeltechnik fasziniert war. Er erklärte sie Michaela, dann waren zwei Freundinnen meiner Mutter an der Reihe, Großmutter Gladys zu begraben. Nach jeder Schaufel Erde, die sie auf das Grab warfen, winkten sie dem Sarg zu.

„Auf Wiedersehen, Großmutter Gladys. Wir lieben dich. Wir wünschen dir eine gute Zeit im Himmel."

Kapitel 12

Das Hemd des glücklichen Mannes

Vor langer, langer Zeit lebte ein König in Norditalien, der alles hatte, auch einen Sohn, den über alles liebte. Aber aus irgendeinem Grunde war dieser Sohn unglücklich.

„Was kann ich tun?", fragte der König. „Wenn es etwas gibt, das dich glücklich machen würde, musst du es nur sagen, und ich werde veranlassen, dass du es bekommst."

„Ich weiß nicht", erwiderte der Sohn.

„Gibt es eine Frau, die du heiraten möchtest? Sei es die reichste Prinzessin oder die ärmste Bäuerin, scheue dich nicht!"

„Ich weiß es nicht, Vater", war alles, was der Sohn zu antworten wusste.

Der König suchte bei Philosophen, Ärzten, Professoren und Priestern Rat, um herauszufinden, wie er seinen Sohn glücklich machen könnte. Nach langem Beratschlagen kamen sie schließlich darin überein, dass es eine einfache Lösung gab. Der König solle einen Mann finden, der wirklich vollkommen glücklich war. „Hast du ihn gefunden, musst du nur sein Hemd gegen das deines Sohnes austauschen, und er wird glücklich sein."

Erleichtert sandte der König Männer aus, auf dass sie diesen wirklich glücklichen Menschen fanden. Diese stießen wohl auf viele Menschen, die behaupteten, glücklich zu sein, aber im Nachhinein stellte sich doch immer heraus, dass sie es nicht wirklich waren.

Nach einigen Monaten befand sich der König am Rande der Verzweiflung. Und dann, an einem eisig kalten Tag, hörte er während der Jagd jemanden in den Feldern singen. Die Stimme klang so süß und leicht, dass der Sänger einfach glücklich sein musste. Der König schaute sich genauer um und sah schließlich einen jungen Mann zusammengekauert unter einem Baum sitzen, offensichtlich versuchte er, sich gegen die Kälte zu schützen.

„Sag mal", fragte der König, „bist du glücklich?"

„So glücklich man nur sein kann", antwortete der junge Mann.

„Wie wäre es, wenn du von nun an im Palast leben würdest?"

„Nein, ich bin hier sehr zufrieden."

„Was, wenn ich dir Reichtümer anböte?"

„Das ist sehr nett von Ihnen", erwiderte der Mann, „aber ich bin zufrieden mit dem, was ich habe."

Der König freute sich ungemein über diese Worte, bestärkten sie ihn doch in seinem Glauben, endlich den vollkommen glücklichen Menschen gefunden zu haben.

„Ich muss dich um einen Gefallen bitten", sprach der König.

„Jederzeit!", antwortete der junge Mann.

Vor Freude zitternd sagte der König: „Komm her! Nur du kannst meinen Sohn retten!"

Mit zitternden Fingern knöpfte der König die Jacke des Mannes auf – dann hörte er unvermittelt auf.

Denn der glückliche Mann trug kein Hemd.

Als ich Lenny drei Wochen später sah, hatte ich das Gefühl, dass er um zwanzig Jahre gealtert war; aber er war trocken.

„Ich habe die fürchterlichen Worte ausgesprochen", sagte er. Ich wartete auf eine Erklärung. Er schien sich einem imaginären Publikum zuzuwenden. „Ich habe gesagt: ,Hi, ich bin Lenny!' Und sie antworteten wie auf Knopfdruck: ,Hi, Lenny.' Das war vor dreiundzwanzig Tagen. Jeden Tag war ich bei diesen Treffen und habe seitdem keinen Tropfen mehr angerührt."

Wir saßen auf der Veranda. Ich brachte die Sandwiches raus, die ich mitgebracht hatte, da ich mich lieber nicht auf Lennys Gastfreundschaft verlassen wollte. „Und du? Wo um alles in der Welt hast du gesteckt?", fragte er.

„Ich habe … eine Geschichte."

„Eine Geschichte?" Er schielte mich an. „Du hast eine Geschichte?"

Ich nickte.

„Dann leg mal los", sagte er und biss in ein Truthahnsandwich. „Denn darauf habe ich gewartet."

Also erzählte ich ihm, was sich seit unserem letzten Treffen ereignet hatte. Während er mir zuhörte, schien er abwesend, er blickte in die Ferne, man hätte meinen können, dass er sich in Gedanken an den Orten befand, von denen ich erzählte, im Krankenhaus, in der Eigentumswohnung meiner Mutter und auf dem Friedhof.

Ich erzählte ihm von den Geschichten, die ich zur Beerdigung erzählt hatte, vom Koffer und vom Vogelhaus, von Chelm und Hershel. Ich erzählte ihm auch, was danach geschehen war. Ich wollte Taly und den Kindern das Haus zeigen, in dem ich aufgewachsen bin. Obwohl ich wusste, dass das Haus einige Male gekauft und wieder verkauft worden war, war ich entsetzt, als ich es sah. Es war ein schrecklicher Anblick: Von den beigefarbenen Tönen, die ich in Erinnerung hatte, war nichts mehr zu sehen, es war ein schmutziges Grün, und stellenweise bröckelt der Putz ab. Die Einfahrt war voller alter Karosserien. Die zwei riesigen Ulmen waren gefällt worden, nur noch Baumstümpfe waren zu sehen. Die Blumen, die meine Mutter gepflanzt und mein Vater so sehr geliebt hatte, waren abgestorben, stattdessen wucherte das Unkraut. Ursprünglich hatte ich vorgehabt, an die Tür zu klopfen und den Leuten zu erklären, wie ich dort einst gelebt hatte, und ich hatte mir vorgenommen, sie zu fragen, ob ich mich etwas umschauen dürfe. Wir blieben jedoch im Auto sitzen, der Regen klatschte gegen die Windschutzscheibe und mir wurde klar, dass ich das alles nicht mehr sehen wollte.

Während ich mich auf den Weg zur Autobahn machte, sagte ich mir selbst, dass es ein Fehler gewesen war, dorthin zurückzukehren. Dann sah ich etwas. Ich sah einen Mann auf einem Fahrrad, er trug ein rotes Sweatshirt und fuhr im Kreis.

Ich verlangsamte, um ihn besser sehen zu können, er schaute mich fragend, aber glücklich an. Einen Augenblick später lächelte er, dann winkte er mir zu, und ich grüßte zurück.

Auch Lenny lächelte, als ich meine Geschichte zu Ende erzählt hatte. Er wollte etwas sagen, tat es dann aber doch nicht. Er fing wieder einen Satz an und brachte ihn wieder nicht zu Ende. Zum ersten Mal, seitdem ich Lenny kenne, hatte er nichts zu sagen.

Wir warteten still, schließlich stellte ich eine Frage, die mir durch den Kopf gegangen war. „Wie ... kann ich ... dir danken?"

Er schüttelte den Kopf. „Ich danke dir, dass du mir vertraut hast. Du hast mir genau das gegeben, was ich wollte – eine Geschichte, und zudem eine verdammt gute. Ich danke dir."

Wenn man trauert, erlebt man das Leben intensiver. Ich werde diese späten Frühlingstage nie vergessen. Die starken Regenfälle, durch die das nördliche Kalifornien betroffen gewesen war, hörten plötzlich auf. Binnen einer Woche standen die Kirschbäume, die bis dahin nicht blühen wollten, in voller Blüte.

Nun da meine Mutter von uns gegangen war, zogen mich Dinge an, die mich an sie erinnerten. Der grün-blaue Hoover-Aufrechtstaubsauger, den ich geerbt hatte, die elektrische Schreibmaschine und das dunkelgrüne Mahjongg-Set, das ihr gehört hatte. Im kleinen Abstellraum meines Büros sah ich ihre Briefe an mich durch, es waren ganze Stapel. Und ich muss etwas beschämt zugeben, dass manche Briefe noch ungeöffnet waren. Es wurde mir schmerzhaft bewusst, dass sie mir nie wieder schreiben würde. Ich öffnete sie langsam. Die meisten enthielten kurze Nachrichten, die sie mit ihrer Schreibmaschine getippt hatte, welche anstelle des kleinen „e" Löcher machte. Außerdem fand ich einige Zeitungsausschnitte, Artikel, die von ehemaligen Highschool-Lehrern berichteten, Cartoons und Kolumnen von Erma Bombeck. Unter den Zeitungsartikeln gab es einen besonders interessanten. Er beschrieb ein Konzert von Itzhak Perlman und war von Jack Riemer für den *Houston Chronicle* verfasst worden. Sie hatte mir eine kleine Notiz darauf hinterlassen: „Joel, ich dachte mir, dass dir diese Geschichte bestimmt gefallen würde."

Am 18. November 1995 gab der Violinist Itzhak Perlman in der Avery Fisher Hall im Lincoln Center in New York City ein Konzert.
Wer schon einmal ein Perlman-Konzert gesehen hat, weiß, dass der Künstler nur unter großer körperlicher Anstrengung auftreten kann. Weil er als Kind Polio hatte, trägt er an beiden Beinen Stützapparate und kann nur mit Hilfe von Krücken gehen.
Allein ihn über die Bühne gehen zu sehen, ganz langsam, Schritt für Schritt und doch bestimmt, ist ein Ereignis. Man sieht ihm die Schmerzen an, und doch geht er würdevoll über die Bretter, bis er seinen Stuhl erreicht. Dann setzt er sich, ganz langsam, legt seine Krücken auf den Boden, macht die Verschlüsse an beiden Beinen auf, zieht

einen Fuß zurück und streckt den anderen aus. Dann beugt er sich vor und greift nach der Violine, setzt sie am Kinn an, nickt dem Dirigenten zu und fängt zu spielen an. Das Publikum ist mittlerweile an dieses Ritual gewöhnt. Es sitzt ruhig da und wartet geduldig, während er über die Bühne geht und seinen Stuhl erreicht. Alle sind mucksmäuschenstill, während er die Verschlüsse an den Beinen aufklickt. Sie warten, bis er zu spielen beginnt.

Aber dieses Mal ging etwas schief. Er hatte gerade die ersten Noten gespielt, als eine Saite riss. Man hörte es schnappen – es war, als ginge ein Schuss durch den Raum. Es gab nicht den leisesten Zweifel, woher der Knall kam und was er bedeutete. Die an jenem Abend anwesenden Leute waren sich sicher: „Wir gingen davon aus, dass er wieder aufstehen, die Verschlüsse wieder festmachen und von der Bühne humpeln würde, um entweder eine andere Violine zu holen oder die Saite auszuwechseln." Aber das tat er nicht. Er wartete stattdessen einen Augenblick, schloss die Augen und gab dem Dirigenten ein Zeichen, dass er von vorne beginnen solle. Das Orchester spielte, und er setzte dort an, wo er aufgehört hatte. Und er spielte mit solch einer Leidenschaft, Kraft und Reinheit, wie es das Publikum nie zuvor gehört hatte. Natürlich weiß jeder, dass es unmöglich ist, eine Symphonie mit nur drei Saiten zu spielen. Ich weiß es, Sie wissen es. Nur Itzhak Perlman wollte es an jenem Abend nicht wissen. Man sah, wie er das Stück in seinem Kopf änderte, neu komponierte, neu modulierte. An einer Stelle hörte es sich so an, als „verstimmte" er die Saiten mit Absicht, um neue Töne zu erforschen.

Am Ende herrschte eine wunderbare Stille im Saal. Und dann standen die Leute auf und klatschten. Aus jeder Ecke des Saals war pure Begeisterung zu spüren. Wir standen alle, klatschten, riefen ihm zu, taten alles Mögliche, um zu zeigen, dass wir das Konzert genossen haben. Er lächelte, wischte sich den Schweiß von der Stirn, hob seinen Bogen in die Höhe, um Ruhe bittend, und dann sagte er, nicht prahlerisch, sondern mit einer ruhigen, nachdenklichen, ehrfürchtigen Stimme: „Wissen Sie, manchmal ist es des Künstlers Aufgabe, herauszufinden, wie viel Musik man noch aus dem machen kann, was einem bleibt …"

Das Schuljahr endete so, wie es begonnen hatte, mit Tränen. Diesmal kamen sie nicht von Michaela, sondern von Taly und mir. An einem schönen Mittwoch im Juni bekam Elijah sein Kindergartenzeugnis. Und am nächsten Tag hatte Michaela den letzten Tag ihres ersten Vorkindergartenjahres hinter sich. Stolz marschierte sie mit ihrer Gruppe durch den Hof in das Klassenzimmer des nächsten Jahrgangs.

Auch ich kam eine Stufe weiter im Leben. Eine Woche später ging ich zur Krebsnachsorgeuntersuchung. Ich lag ausgestreckt auf dem Tisch und hörte die Maschine piepsen, während ich Millimeter für Millimeter weiter in die Röhre befördert wurde. Dann befreite mich die Krankenschwester von den Gurten, und ich ging den Gang hinunter zum Radiologen, um die Resultate zu besprechen. Er saß an seinem Schreibtisch, der voll war mit Röntgenaufnahmen und Arztprotokollen, ein ruhig sprechender Chinese mit Stahlrahmenbrille.

„Herr ben Izzy?", sagte er. Ich nickte und wartete. „Nun, ich habe gute Neuigkeiten. Die Tests sind negativ. Sie haben keinen Krebs." So schlecht es anfangs auch ausgesehen haben mag, erklärte der Radiologe, die Maschine hat überhaupt nichts gefunden – nicht die geringste Spur. Es gab auch keinen Grund, zu befürchten, dass er sich wieder entwickeln würde.

Ich brachte kein Wort hervor, stand nur da und starrte ihn an. Er vermutete wohl, dass ich nicht verstanden hatte und sagte: „Der Krebs ist weg."

Ich nickte, konnte aber immer noch keine Reaktion zeigen. Dann wurde mir klar, dass diese Neuigkeit nicht viel wert war, solange ich sie nicht mit Taly teilen konnte. Ich eilte nach Hause, wo sie schon ungeduldig wartete. Als sie mein Gesicht sah, bedurfte es keiner Worte mehr. Sie brach in Tränen aus, und wir hielten uns lange Zeit in den Armen. Ich fragte mich, wie es kam, dass wir uns jetzt wieder so nahe standen. Das war alles seltsam und widersprüchlich. Unser Leben war auf den Kopf gestellt worden, die Scherben lagen noch herum, aber wir waren zusammen.

Noch näher standen wir uns zwei Wochen später, als wir den nächsten Meilenstein hinter uns brachten – Elijahs sechster Geburtstag. Genau ein Jahr zuvor hatte man mir mitgeteilt, dass ich Krebs hatte. Grund genug zum Feiern, aber ich war auch traurig, denn die Tatsache, dass meine Mutter nicht mehr da war, schmerzte. Sie hatte den Kindern immer Geburtstagsgeschenke geschickt, meistens Bücher, mit Motiven und Themen, die ihnen gefielen, und Geburtstagskarten mit Hasen, Clowns und Luftballons. Ich dachte nun jeden Tag an sie und strengte mich an zu verstehen, dass sie nicht mehr da war. Irgendwann konnte ich mich selbst davon überzeugen, aber bis heute fällt es mir schwer zu begreifen, dass sie nie wieder anrufen wird.

Als wir anlässlich des Geburtstages zu Tisch saßen, schaute ich meine Familie an und dachte über all das nach, was sich im letzten Jahr ereignet hatte. Elijahs Begeisterung für Flaggen hatte sich zwischendurch gelegt und war dann wieder aufgeflammt, und nun waren wieder überall Flaggen um den ganzen Tisch herum. Er war einige Zentimeter gewachsen und sein Lockenkopf war nun nicht mehr blond, sondern braun. Und er hatte sich zu einem außergewöhnlich guten Geschichtenerzähler entwickelt. Da er aber immer etwas schüchtern war, erzählte er seine Geschichten nur Michaela. Zugegeben, sie handelten meistens von den Beanie Babies, aber mit der Zeit würde sich die Bandbreite seiner Geschichten erweitern. Im Moment war das vollkommen in Ordnung so, und wenn er erzählte, saß sie mit großen Augen da und schaute ihn an, als wäre er der Mittelpunkt der Erde.

Wenn sie ihn so anblickte, ging Taly und mir das Herz auf. Kinder sind Wunder – bei der Geburt wird uns das zum ersten Mal bewusst, und wir sollten das nie vergessen. Und auch wenn Taly ihnen nur sehr selten Geschichten erzählte, fiel mir etwas an ihr auf, was ich zuvor noch nicht bemerkt hatte – sie sang, und zwar wunderschöne, sanfte Lieder. Ich stand vor der Tür des Kinderzimmers und hörte zu, wenn sie sie ins Bett brachte. Manche Lieder erfand sie spontan, andere waren Lieblingslieder aus Musicals, wie „Fiddler on the Roof". Die Kinder lernten die Lieder und sangen mit. Eines Nachts, Elijah hätte schon längst schlafen sollen, ging ich an ihrer Tür vorbei und hörte, wie er mit seiner kleinen Stimme sang: „If I were a rich man …"

Ich hörte ihm zu und dachte an unsere finanzielle Lage. Als freier Autor hatte ich hier und da einen Vertrag bekommen, und wir kamen gerade so über die Runden. Und doch fühlte ich mich reich, nicht in materiellem Sinne, sondern so wie es im Talmud beschrieben wird, an der Stelle, an der gefragt wird: „Wer ist reich?", und die Antwort lautet: „Der, der mit dem zufrieden ist, was er hat." Diese Stelle im Talmud erinnerte mich an den Experten unter den Experten und daran, wie er damals gesagt hatte, dass der stille Rabbi in meinem Hals das Geheimnis vielleicht kannte. Möglicherweise war das das Geheimnis und die Lektion, die mir erteilt wurde.

Auch wenn man sich nie sicher sein kann, wo eine Geschichte endet und eine andere beginnt, schien mir, dass diese Geschichte nun zu Ende war. Es war zwar nicht das einfache, glückliche Ende gewesen, das ich mir zu Beginn so sehr gewünscht hatte, aber auf seine Art und Weise war es doch besser. Ich hatte etwas Beständigeres gefunden als Glück, ein Gefühl, das man mit der Zeit und durch Verluste kennen lernt – ein hemdloses Gefühl.

Gegen Ende des Sommers wurde ich nochmals beschenkt. Ein Paket wurde mir von einer Anwaltskanzlei in San Jose, die ich nicht kannte, zugeschickt. Es war für seine Größe sehr leicht und schien auch nur mit Styroporkügelchen gefüllt zu sein. Ganz oben lag ein Umschlag, der an mich adressiert war.

„Sehr geehrter Herr ben Izzy", begann der Brief. „Entsprechend dem Testament des verstorbenen Herrn Dr. Leonard Feingold senden wir Ihnen anbei …" Ein Schreck durchzuckte mich, und ich wühlte im Styropor, aber fand nur ein pinkfarbenes, feines Weinglas. Ich blickte noch einmal in den Umschlag und sah noch einen Brief. Auf gelbem Anwaltspapier stand von Hand geschrieben:

Es lebte einst ein sehr berühmter Zen-Meister. Er lebte in einem Kloster und hatte sich aller weltlichen Dinge entledigt, mit einer Ausnahme – ein wunderschönes Weinglas, das er aufbewahrte. Jeden Tag schaute er sich dieses Weinglas voller Bewunderung an, und er wurde nicht müde, über dessen Schönheit zu sprechen, vor allem wenn das Licht sich darin brach. Auch Besuchern zeigte er es stolz.

Das verwirrte die anderen Mönche, die es als störend empfanden, dass der Meister so sehr an einem materiellen Gegenstand hing. Eines Tages sprachen sie ihn darauf an.

„Ehrwürdiger Meister", sagte einer, „wie könnt Ihr euch nur so sehr an so einem Gegenstand erfreuen? Seht ihr denn nicht, dass es sich nur um einen Gegenstand handelt – etwas Vergängliches? Etwas, das schnell entzweibricht?"

Der Meister schaute sein Glas an und lächelte. „Selbstverständlich. Ehrlich gesagt, stelle ich mir immer vor, dass es schon zerbrochen ist. Und so genieße ich es umso mehr."

Lenny

Kapitel 13

Der Fuchs im Garten

*E*in hungriger Fuchs lief durch den Wald und kam schließlich an eine hohe Mauer. Er lief die Mauer eine Weile entlang, bis er merkte, dass sie einen riesigen Kreis bildete.

Da er gerne wissen wollte, was sich hinter der Mauer verbarg, suchte er nach einer Öffnung. Schließlich fand er ein kleines Loch. Er sah hindurch und erblickte den schönsten Garten, den er je gesehen hatte, mit lieblich duftenden Blumen, leckeren Melonen und jeder Menge tiefroter, reifer Trauben.

Nun wollte er unbedingt in den Garten, aber das Loch war zu klein. Er versuchte wieder und wieder, sich durch das Loch zu zwängen, musste dann aber doch einsehen, dass es sinnlos war. Jedoch wünschte er sich so sehr, in den Garten zu gelangen, dass ihm schließlich etwas einfiel: Er würde so lange fasten, bis er durch das kleine Loch passte. Und so hungerte er drei Tage lang, bis er gerade so durch das Loch kam.

Einmal im Garten musste er feststellen, dass dieser noch viel schöner war, als es von außen ausgesehen hatte. Er stürzte sich auf die Früchte und genoss sie in vollen Zügen.

Eine Zeit lang lief alles wunderbar, bis er merkte, dass er nicht alleine im Garten war.

Der Fuchs begriff, dass er fliehen musste, aber er war zu fett geworden und passte nun nicht mehr durch das Loch. Also musste er wieder fasten. Diesmal allerdings war es umso schwerer, denn er war von Köstlichkeiten umgeben. Nach drei sehr langen Tagen schaffte er es schließlich.

Wieder draußen, drehte er sich noch einmal um und sah in den Garten. „Ach du liebes, süßes Leben", sagte er, „selbst die einfachsten deiner Freuden verlangen mir viel zu viel ab – und doch sind sie es wert."

WÄHREND WIR DURCH das Leben schreiten, erinnert uns jeder neue Verlust auch an vorhergehende Verluste. Lennys Tod hinterließ eine schmerzende Leere in mir. Aber ich verspürte auch eine gewisse Zufriedenheit, denn jedes Mal, wenn ich an ihn dachte, fiel mir eine seiner Geschichten ein. Diese Geschichten verschmolzen mit meiner eigenen Geschichte, die ich, wie ich glaubte, endlich verstanden hatte. Und wieder hatte ich mich getäuscht.

In Liberia gibt es eine Redewendung: Das Niesen kann man nicht zurückhalten. Genauso kann man eine Geschichte nicht davon abhalten, sich zu entfalten, wenn sie erst einmal begonnen hat. Geschichtenerzähler sprechen auch gerne von der „goldenen Dreierregel", die sich durch Geschichten zieht – drei Bären, drei Söhne, drei Wünsche usw. Deswegen gehe ich einmal davon aus, dass es mein Schicksal war, einen dritten Anruf von einem dritten Arzt zu bekommen. Es ereignete sich im September, zufällig auch noch genau an meinem Geburtstag.

„Hallo, Herr Geschichtenerzähler? Wie geht es Ihnen?" Es dauerte einen Moment, bis ich die Stimme des Experten unter den Experten erkannte. Er habe über meinen Fall nachgedacht, sagte er, und wolle mich sehen. Auch wenn ich ihn gern mochte, wäre es mir zu diesem Zeitpunkt meines Lebens lieber gewesen, nie wieder einen Arzt aufsuchen zu müssen. Aber er bestand darauf. Also vereinbarten wir einen Termin, zu dem ich mich einfand.

Als ich ankam, stellte er mich einem anderen Arzt vor, der mich fragte, ob er mich untersuchen dürfe. Vom ersten Augenblick an fühlte ich, dass dieser Arzt anders war als die, denen ich bereits begegnet war. Er war ein Lateinamerikaner mit einer sanften Stimme und erinnerte mich an jemanden, mir fiel aber nicht ein, an wen. Er sprach sehr ruhig und war so geduldig, als hätte er jede Menge Zeit – was man von den meisten Ärzten nicht sagen kann; vor allem bei Chirurgen war das oft nicht der Fall, und er war einer. Er tastete meinen Hals ab und schaute in meinen Rachen, wie so viele zuvor auch. Dann sagte er schließlich: „Vielleicht kann ich etwas tun."

Seine Worte trafen mich, nicht des Inhaltes wegen, sondern wegen der Bescheidenheit. Er hatte „vielleicht" gesagt. Dann fiel mir auch ein, an wen er mich erinnerte, an einen Doktor. Nicht etwa einen, dem ich begegnet wäre, sondern einen, wie ich ihn mir immer vorgestellt hatte. Er erzählte mir von einer seltsamen Methode, bei der man ein Plastikstück – er verglich es mit einem hässlichen Legostein – in den Hals schob, so dass das paralysierte Stimmband wieder in die Mitte bewegt wurde und das andere Stimmband es berühren konnte. Das würde das paralysierte Stimmband zwar nicht wieder ins Leben rufen – das sei einfach nicht möglich –, aber dafür würde die Tonqualität etwas verbessert.

„Der Unterschied", mischte sich der Experte ein, fast poetisch, „wäre zu vergleichen mit dem zwischen einer Oboe und einer Klarinette. Das eine Instrument hat ein Rohrblatt, das andere zwei, und mit beiden kann man wunderschöne Musik erzeugen."

Der Klang einer Klarinette hatte mir schon immer gut gefallen, und mir gefiel die Metapher, aber die Vorstellung, mich erneut einer Operation unterziehen zu müssen, stimmte mich nicht ganz glücklich. Permanent mit einem Legostein im Hals durch die Gegend zu laufen, war nicht gerade attraktiv. Dass ich sämtliche Möglichkeiten haben würde, wenn meine Stimme wieder zurückkehrte, war nicht schwer vorstellbar, genauer genommen hatte ich die letzten Monate damit verbracht, von dieser Eventualität zu träumen. Aber zunächst musste ich wissen, was passieren würde, wenn die Operation schief liefe.

Der Chirurg nickte. Die Methode garantiere selbstverständlich nichts. Sie könnte meine Stimme verbessern, aber auch das Gegenteil wäre möglich. Wenn es schief liefe, wäre ich nicht einmal mehr in der Lage zu flüstern. Ich wäre ganz stumm. Dann gab es noch „mögliche Komplikationen". Ich erinnerte mich daran, die Liste der „möglichen Komplikationen" vor meiner ersten Operation gelesen zu haben, sie reichte von leichtem Unbehagen bis zum plötzlichen Tod. Ich wollte keine Liste sehen – ich wollte mit jemandem sprechen, bei dem es tatsächlich schief gelaufen war. Er gab mir den Namen eines anderen Patienten – ein ehemaliger Basketball-Lehrer an der Highschool. Auch er hatte seine Stimme verloren, weil wie bei mir ein Stimmband paralysiert worden war. In seinem Fall war eine seltene Virusinfektion der Auslöser. Bei ihm hatte man diese Methode angewandt, aber das Resultat war mehr als schlecht.

Ich schob es einige Wochen vor mir her, bis ich den Mut aufbrachte, die Nummer zu wählen.

„Hallo?"

Ich dachte, am anderen Ende der Leitung spräche ein junges Mädchen. „Ist dein ... Vater zu Hause?", fragte ich.

Eine lange Pause folgte. „Er starb ... vor zwanzig Jahren. Kann ich Ihnen ... helfen?"

Ich hatte ein furchtbar schlechtes Gewissen. Ich entschuldigte mich bestimmt sieben oder acht Mal, bis er mich unterbrach. „Das ist schon ... in Ordnung ... das passiert ständig."

Schließlich kam ich dazu, ihm zu erklären, weshalb ich anrief, und er erzählte mir seine Geschichte. Ich musste den Hörer fest ans Ohr drücken, denn man konnte ihn kaum hören. Die Operation war fehlgeschlagen. „ ... eine schwierige Operation ... es gab Komplika...", seine Stimme setzte aus, und ich hörte, wie er nach Atem rang, „ ...kationen."

„Werden Sie es ... noch einmal versuchen?"

Wieder eine lange Pause. „Nein, da ... drin sieht es ... fürchterlich aus. Narbengewebe. Ich hatte ... eine Chance ..." Seine Stimme versagte wieder. Einige Sekunden später sagte er: „Ich habe ... gelernt ... damit umzugehen."

Ich beendete das Gespräch und legte den Hörer auf. Ein kalter Schauer lief mir über den Rücken. Die Operation war wieder ein Risiko, und das machte mir Angst.

Ich hatte Angst, für Taly aber war es eine Horrorvorstellung. „An dem Tag, an dem du deine Stimme verloren hast, begann ich gegen alle Hoffnung zu glauben, dass sie wieder zurückkäme." Es war Sonntagnachmittag, auf die Kinder passte der Babysitter auf, und wir spazierten durch den Presidio in San Francisco. Diese ehemalige Militärstation ist eine der schönsten Grünanlagen der Stadt, sie führt bis zu den Brückenpfeilern der Golden Gate Bridge.

„Du kannst dir gar nicht vorstellen, wie sehr ich mir gewünscht habe, dass deine Stimme wiederkehrt. Ich habe gebetet, aber sie kam nicht wieder."

„Nach Monaten gab ich es schließlich auf. Es war wie ein langsamer, grausamer Tod. Ich begrub meine Hoffnungen. Ich musste es tun. Ich hatte keine andere Wahl." Sie sagte einen Moment lang nichts, schüttelte ihren Kopf.

„Und nun verlangst du von mir, dass ich sie wieder ausgrabe?" Sie weinte. Wir waren an einer Stelle unter der Brücke angekommen, an der ein kalter Wind wehte, der ihre Tränen gleich wieder trocknete. „Es ist zu schmerzhaft. Ich fühle mich jetzt schon vollkommen ausgebrannt."

Sie hatte Recht. Auch wenn Poeten und Geschichtenerzähler die Hoffnung in den schillernsten Farben lobpreisen, die Wahrheit ist, dass sie schmerzt. Die Hoffnung, so lehrt uns die griechische Mythologie, wurde uns durch Pandora gebracht. Sie lag ganz unten in einem Kästchen, das zu öffnen man ihr untersagt hatte. Natürlich tat sie es trotzdem und setzte so sämtliches Übel in der Welt frei. Am Ende war die Hoffnung das Einzige, was in der Kiste zu finden war. Mit dieser Geschichte meinte ich früher die Vorteile der Hoffnung zu loben – der große Trostpreis. Aber nun, da ich an all das dachte, was ich durchgemacht hatte, und Taly zuhörte, schien mir die Hoffnung nur ein Übel unter vielen zu sein, die Pandora dieser Welt beschert hatte, ja vielleicht war sie sogar das größte Übel. Wir waren beide ausgezehrt von der Hoffnung auf eine Rückkehr meiner Stimme.

„Sollen wir diese Tür nun wirklich wieder öffnen?", fragte sie und wartete auf eine Antwort. Da keine Antwort kam, fuhr sie fort. „Aber ich kann sie auch nicht ganz schließen. Es ist deine Stimme und deine Entscheidung."

„Aber du sollst Folgendes wissen, und es ist für mich nicht einfach, das zu sagen." Sie nahm meine Hände in ihre. „Joel, ich liebe dich. Und was immer auch passieren mag, ich werde dich weiterhin lieben. Aber ich mag dich lieber so, wie du heute bist. Ich mag das, was aus dir geworden ist."

Wir standen eine Weile ruhig da, der Wind blies von der Bucht herein, und ich war unentschlossen. Ich sah ein Segelboot unter der Brücke vorbeifahren und blickte in Talys Augen, sie lächelten.

Ich zerbrach mir einige Tage den Kopf, und da spürte ich auf einmal, wie sehr mir Lenny fehlte. Es gab da einige Dinge, die ich ihn gerne fragen würde. Ich hatte das ganze Buch Job gelesen, und zwar dreimal, und konnte die Stelle, an der Gott angeblich lacht, nicht finden. Nachdem ich das Paket mit dem Glas erhalten hatte, habe ich der Anwaltskanzlei geschrieben, und man teilte mir mit, dass er ganz plötzlich zu Beginn des Sommers an einem zweiten Herzinfarkt gestorben war. Auf seinen Wunsch hin hatte es keine Trauerfeier gegeben; er war neben Pearl auf dem Friedhof von Santa Cruz beerdigt worden.

Aber auch jetzt noch, da er weg war, konnte ich seine Stimme hören und mir vorstellen, was er mir in dieser Situation gesagt hätte. Erst einmal würde er lachen, lange und unerbittlich. Und wenn er dann nach einiger Zeit endlich aufgehört hätte, würde er sagen: „Und du kommst mal wieder her, um mir zu sagen, dass ich Recht hatte, nicht wahr?"

„Richtig."

„Richtig", würde er noch mal sagen, diesmal würde er nicke und nach oben zeigen. „Ich sagte bereits, dass sich deine Geschichte in den Händen eines mächtigen Geschichtenerzählers befindet." Ich würde ihn drängen, mir einen Ratschlag zu geben, mir zu sagen, ob ich mich der Operation unterziehen sollte, und er würde antworten: „So wie ich das sehe, hast du in jedem Falle etwas zu verlieren – und das ist gut so. Wie ich bereits erwähnt habe, du bist ein Glückspilz."

Der Chirurg hatte erklärt, dass ich für die Operation wach bleiben musste, so dass er und der Experte meine Stimme „einstellen" konnten. Sie würden verschiedene Plastikteile in meinen Hals einsetzen, um so festzustellen, welches davon funktionierte. „Aber machen Sie sich keine Sorgen", versicherte er mir, während ich von Krankenschwestern auf dem Operationstisch festgeschnallt wurde und Medikamente eingeflößt bekam. „Sie werden keinen Schmerz verspüren."

Ich bekam noch mit, wie sich zwei Krankenschwestern über ihre Pläne für Thanksgiving unterhielten, dann hörte ich eine Klarinette und eine vertraute Melodie und schließlich meine eigene Stimme. Es war die Kassette mit den Geschichten, die ich dem Experten gegeben hatte. „Gut", sagte er, „so soll er sich danach auch wieder anhören."

Es dauerte nicht lange, bis die Medikamente wirkten. Einige Minuten später fand ich, dass die Lichter in dem Operationsraum auf der Klinge des Skalpells so wunderbar funkelten. Irgendjemand bedeckte mein Gesicht mit einem zusammengelegten Tuch, und ich hatte das Gefühl, mich in einer Bäderanlage zu befinden. Man fummelte um meinen Hals herum, dann hörte ich den Chirurgen mit der sanften Stimme sagen: „Gut, wir probieren es." Daraufhin sagte der Experte: „Herr Geschichtenerzähler, wenn sie bitte bis fünf zählen würden."

Ich versuchte es, aber es kam kein Ton raus. Nichts. Kein Geflüster, kein Krächzen, einfach nichts. Plötzlich spürte ich noch etwas anderes durch die Venen schießen, und mein durch Medikamente bewirktes Wohlsein schwand.

„Das scheint es wohl nicht zu sein", sagte der Chirurg. Wieder tat sich etwas in der Halsgegend, und ich spürte eine panische Angst. Dann hörte ich den Experten sagen: „Gut lassen Sie es uns noch mal probieren. Zählen Sie bis fünf."

Wieder versuchte ich es – wieder kam nichts dabei heraus. Aber nun war es noch schlimmer als vorher. Nicht nur, dass ich keinen Laut produzieren konnte, es fehlte mir auch die Luft. „Er atmet nicht mehr", schrie jemand. Wieder spürte ich, wie man an meinem Hals arbeitete, und hörte Schritte. Dann konnte ich wieder atmen, was ich panisch tat.

Um mich herum wurde geflüstert und leise diskutiert. Einer sagte: „Ich glaube nicht", und ein anderer sagte: „Nur noch einmal." Wieder machten sie sich an meinem Hals zu schaffen.

„Herr Geschichtenerzähler, bitte", sagte der Experte. „Zählen Sie noch einmal bis fünf."

Plötzlich hörte ich, wie Zahlen ausgesprochen wurden, laut, sie hallten im Raum. „Eins, zwei, drei …" Ich hörte auf, sie auch – das Echo der „drei" war noch zu hören. Ich fing wieder von vorne an, und die Zahlen waren laut und deutlich zu hören, im ganzen Raum – ich schrie! Beifall ertönte. Als ich bei zehn ankam, rief ich: „Super!"

„Sehr schön! Und nun erzählen Sie uns bitte eine Geschichte."

Vielleicht lag es an den Medikamenten oder daran, dass ich es nicht fassen konnte, meine eigene Stimme wieder zu hören. Jedenfalls fiel mir zum ersten Mal in meinem Leben keine Geschichte ein. Er hatte mich gebeten, eine zu erzählen, irgendeine, und mir fiel rein gar nichs ein. Ich bemerkte, wie es um mich herum still wurde, und dann fühlte ich schließlich eine Geschichte in mir. Kurz darauf hatte ich ein Bild vor Augen, eine Wüste, und in der Weite sah man einen Palast. Durch die Torbögen des Palastes sah ich eine Menschenmenge, und vor ihnen saß ein König auf seinem Thron.

„Lassen sie mich eine Geschichte erzählen, die sich vor langer, langer Zeit ereignet hat, im alten Jerusalem, als Salomo

König war …" Es wurde kräftig geklatscht und gerufen. Ich wollte fortfahren, aber ich hörte etwas, das mich davon abhielt. Irgendwo zwischen dem Applaus und den Zurufen hörte ich eine Stimme, eine kleine, ruhige Stimme. Ich suchte mit den Blicken den Raum ab, um herauszufinden, woher sie kam, aber ich sah nur das Tuch.

„Genug!", sagte der Experte. Es wurde ruhig. Dann hörte ich die sanfte Stimme des Chirurgen: „Nähen."

Ich konnte meine Freude nicht zurückhalten, als sie mich in den Erholungsraum schoben.

„Hallo!", sagte ich zu der Krankenschwester. „Schöner Tag, nicht wahr! Ich mag Ihren Hut! Ein tolles Krankenhaus ist das hier." Dann zu einem Patienten, „Oh, das sieht ja böse aus! Ich hoffe, das heilt bald!" Ich sprach jeden an.

Als man mich dann in eine Ecke gebracht hatte und ich einen Augenblick alleine war, sang ich *Singin' in the Rain*, aber ich hörte sofort damit auf, als ich sah, wie der Experte näher kam.

„Hallo Doktor!", rief ich. „Suchen Sie mich? Ich bin hier!" Er hatte ein breites Grinsen auf seinem Gesicht. „Also", sagte er. „Was die Geschichte angeht …"

„Möchten Sie sie hören? Ich erzähle Sie Ihnen! Es geht darin um König Salomo und wie er von Asmodeus, dem König der Dämonen, ausgetrickst wird und seinen Ring ablegt …"

Er bedeutete mir, aufzuhören. „Es sieht ganz so aus", sagte er, „als wäre die Operation ein Erfolg. Aber ich möchte Ihnen etwas erklären. Damit wir das Teilchen in Ihren Hals einsetzen konnten, mussten wir Ihnen abschwellende Medikamente verabreichen. Wir haben Ihnen nur so viel gegeben, dass es für die Operation reicht. In wenigen Minuten werden sie nicht mehr wirken, und alles wird wieder anschwellen, davon ist auszugehen. Ihr Hals wird etwa drei Wochen geschwollen sein. Und dann werden Sie die Stimme haben, die Sie jetzt haben."

„Aber – und das ist sehr wichtig – in diesen drei Wochen dürfen Sie nicht sprechen. Sie sollten nicht einmal versuchen zu sprechen."

Ich starrte ihn an.

„Sehen Sie, die Positionierung des Teilchens ist sehr präzise. Wenn ich mir Ihre Stimme jetzt anhöre und sie mit der Stimme auf dem Band vergleiche, finde ich, dass wir ein hervorragendes Resultat erreicht haben, ein Besseres als je zuvor. Aber damit das auch so bleibt, muss es so einwachsen, wie wir es platziert haben. Jegliches Reden – auch Flüstern – könnte es verschieben und ihre Stimme für immer beschädigen."

Ich brauchte einen Augenblick, bis ich begriff. „Sie meinen, jetzt, wo ich sprechen kann, darf ich nicht sprechen?"

Er nickte.

„Aber es gibt so viel zu sagen! Ich möchte alles erzählen …"

Er unterbrach mich wieder mit einer Handbewegung. „Ich habe Ihnen etwas mitgebracht." Er griff in seine Kitteltasche und holte einen Stift hervor, den er mir gab. „Das ist für Sie. Nun können Sie die ganze Geschichte erzählen, über König Salomo und alles andere."

Kapitel 14

Das Geheimnis des Glücks

Nasrudin ist gleichermaßen für seine Weisheit wie für seine Dummheit bekannt, und viele haben sich schon gewünscht, von ihm zu lernen.

Ein Anhänger suchte jahrelang nach ihm, bis er ihn schließlich auf einem Marktplatz auf einem Stapel Bananenschalen sitzend fand – keiner weiß, weshalb er dort saß.

„Oh weiser Nasrudin", sagte der eifrige Schüler. „Ich muss Euch eine äußerst wichtige Frage stellen, wir alle suchen die Antwort darauf: Was ist das Geheimnis des Glücks?"

Nasrudin dachte eine Zeit lang nach, dann antwortete er: Das Geheimnis des Glücks ist ein gutes Urteilsvermögen.

„Ach", sagte der Schüler. „Aber wie bekommen wir ein gutes Urteilsvermögen?"

„Durch Erfahrung", antwortete Nasrudin.

„Ja", erwiderte der Schüler. „Aber wie erlangen wir Erfahrung?"

„Durch ein schlechtes Urteilsvermögen."

DAS WAR VOR FÜNF Jahren. Wenn ich an diese drei Wochen zurückdenke, dann ist es, als erwachte ich aus einem Traum und bräuchte nur die Augen zu schließen, um weiterträumen zu können.

Auch wenn ich die Minuten zählte, bis ich meine Stimme wieder benutzen konnte, war mir doch auch klar, dass ich etwas verlieren würde. So wie ich fünfhundert Tage zuvor meine Stimme verloren hatte, würde ich nun eine gewisse Ruhe verlieren, die mich so viel gelehrt hatte. Also verbrachte ich die meiste Zeit während meiner selbstauferlegten Stilleübung damit, mich daran zu erinnern, was ich gelernt hatte, und ich schrieb mir die Dinge auf, an die ich mich nach dem Erwachen erinnern wollte.

Drei Wochen nach der Operation feierten wir Chanukka. Wir versammelten uns um die Menorah, die Elijah und ich aus Messingrohren gemacht hatten. Taly hielt Michaelas Hand, als sie die erste Kerze anzündete. Wir sangen die Segenwünsche, dann wollte Elijah eine Geschichte hören.

„Eine Geschichte?", sagte ich. „Na gut, ich erzähle euch die Geschichte von Chanukka."

Meine Stimme hörte und fühlte sich genauso an wie nach der zweiten Operation, genauso wie vor der ersten.

Ich erzählte ihnen die Geschichte eines Wunders. Es ging dabei um ein Licht, das nach allen Regeln des Gesetzes hätte niederbrennen sollen, aber es tat es nicht. Stattdessen brannte es acht Tage und acht Nächte lang, und es brannte in jenem Augenblick auf dem Fenstersims und spiegelte sich in ihren Gesichtern wieder. Sie standen eine Weile da und starrten das Fenster an, dann wollte Michaela eine andere Geschichte hören. Ich dachte kurz nach, dann fiel mir etwas ein.

„Habe ich euch je die Geschichte von eurem Urgroßvater Izzy erzählt und davon, wie verrückt er nach Ketchup war?"

So fingen alle Geschichten an, die ich ihnen erzählte, auch heute noch. Meiner Stimme geht es gut, sie ist kräftig und gesund. Vom Krebs gab es keine Anzeichen mehr. Ich arbeite wieder und erzähle Geschichten. Und wenn ich an die Tage zurückdenke, an denen ich keine Stimme hatte, habe ich das Gefühl, in einer anderen Welt gewesen zu sein.

In jener Welt lebt meine Mutter, und es geht ihr gut. Lenny spricht in Rätseln und trickst mich aus. Elijah ist wieder der blonde, fünfjährige Lockenkopf, und Michaela ist ein Baby. Taly und ich sitzen auf der hinteren Veranda und sehen zu, wie die Blätter vom Baum in eine Unschuld fallen, von der wir nicht einmal wissen, dass wir sie haben.

Öffnet man erst einmal die Türen zur Vergangenheit, so tun sich plötzlich andere Türen auf. Hinter einer steht mein Vater, groß und schön, mit seinem weißen Anzug, und spielt Violine. Und meine Mutter ist das Mädchen mit den schönen, hellen Augen in Cleveland, das bei meinem Großvater Izzy sitzt und seinen Geschichten zuhört.

Und so pendle ich zwischen dieser und der anderen Welt hin und her und suche nach einer Antwort auf die immer gleiche Frage: Warum ist das passiert? War das alles Teil eines größeren Planes?

Das hatte Lenny vermutet. Ich kann seine Stimme noch hören. „Gibt es einen Grund dafür? Natürlich! Alles hat seinen Grund. Du, ich, wir sind alle Teile einer wunderbaren Geschichte, in der wir alle eine Rolle spielen. Wie ein Teppich, der aus so vielen Fäden besteht, dass nur Gott im Himmel ihn weben konnte."

Gerne würde ich glauben, dass er Recht hat. Das würde auch erklären, weshalb Gott lacht; es gäbe einen Grund dafür, und wenn wir ihn kennen würden, würden auch wir lachen.

Taly findet das lächerlich. „Auf keinen Fall. Selbst wenn Gott existiert, dann sitzt er nicht dort oben und dirigiert dein Leben bis ins kleinste Detail."

Sie hat natürlich Recht. Sich vorzustellen, dass Gott dort oben an den Strängen unzählbarer Leben zieht, ist einerseits schwer vorstellbar und andererseits zu einfach. Nein, das kann ich wirklich nicht glauben.

Aber ich kann mich auch nicht dafür entscheiden, zu sagen, dass die Dinge einfach so passieren, ohne ersichtlichen Grund. Das würde der Bedeutungslosigkeit und dem Zufall zu viel Platz einräumen.

Ich bin zu folgendem Schluss gekommen: Ich glaube schon, dass in dieser Welt Dinge aus einem bestimmten Grund passieren. Der Grund erschließt sich einem allerdings erst im Nachhinein. Es ist nicht ein Grund, den wir finden, sondern den wir schaffen, aus Schmerz und Verlust, zusammengehalten von Liebe und Mitleid. So sehr wir auch danach suchen, wir können ihn nur erkennen, wenn wir aufhören, uns Fragen zu stellen, und zurückblicken, um herauszufinden, wo wir waren und was wir gelernt haben. Es ist aufreibend, dieses Schaffen eines Grundes aus den Baumaterialien des Lebens, aber etwas anderes bleibt uns nicht übrig. Als Gegenleistung bekommen wir eine Geschichte.

Und wie sieht es mit dem Geheimnis des Glücks aus? Ich kenne Geschichten, die davon handeln, und sogar eine, die so heißt. Aber für mich steht das Geheimnis des Glücks an oberster Stelle einer langen Liste mit lauter Geheimnissen des Lebens. Vielleicht ist das das Geheimnis – es gibt es nicht, das Geheimnis des Glücks. Und trotzdem suchen wir danach, vielleicht deswegen, weil uns allein die Suche schon glücklich macht.

Was unseren Bettelkönig angeht – so ist das eine andere Geschichte.

Epilog
Der Bettelkönig

Nachdem Salomo sein Leben lang umhergewandert war, fand er sich schließlich einsam und verlassen auf einem Boot wieder – ein alter Mann auf hoher See. Er verbrachte seine Tage damit, zu fischen und darüber nachzudenken, was sich seit dem Tage, an dem Asmodeus ihn durch die halbe Welt und mitten in eine riesige Wüste geschleudert hatte, alles ereignet hatte.

Er hatte als Bettler gelebt, war von Ort zu Ort gewandert und hatte versucht, die Leute davon zu überzeugen, dass er der König war. Irgendwann gab er es auf und versuchte sie nur noch davon zu überzeugen, dass er Hunger hatte. Er lebte von den Lebensmittelresten, die er sich erbetteln konnte, und fand später eine Arbeit als Koch für einen anderen König. Aber er fiel in Ungnade und wurde in die Wildnis verbannt, wo er sterben sollte. Und er wäre auch gestorben, hätte eine Räuberbande ihn nicht als Gefangenen mitgenommen und ihn als Sklaven an einen Schmied verkauft. Nach sieben langen Jahren hatte er sich seine Freiheit erarbeitet und erhielt ein Säckchen Gold. Damit kaufte er sich ein Boot, in der Hoffnung, dass es ihn in sein geliebtes Jerusalem zurückbringen würde.

Er hatte die Segel gesetzt, aber nur einen Monat nach der Abreise waren sie schon stark beschädigt. Sie waren nicht mehr zu reparieren, und da kein Land in Sicht war, dachte er, dass er wohl hier, auf hoher See, einsam und verlassen sterben würde.

Diese Erkenntnis überraschte ihn, genau wie jeder neue Lebensabschnitt das getan hatte. Aber nichts überraschte ihn mehr als dieses einfache Gefühl der inneren Ruhe, das er nun verspürte. Endlich hatte er sein Leben so akzeptiert, wie es war.

Dann zog es eines Tages, während er gedankenverloren dasaß, an seiner Angelrute. Es war ein riesiger Fisch, so groß, dass er das Boot stundenlang in alle Richtungen zog, bevor ihn Salomo schließlich ins Boot ziehen konnte – einen ungeheuer großen Haifisch, den größten, den er je gesehen hatte. Als er dessen Bauch aufschlitzte, waren viele andere Fische darin, darunter eine Fischart, die er noch nie gesehen hatte. Dieser

Fisch war klein und blau. Auch wenn Salomo nun schon alt war und kurz vor dem Tode stand, so war er doch noch wissbegierig. Und so schlitzte er auch diesen Fisch auf. Plötzlich hielt er inne, denn er sah etwas schimmern, etwas Goldenes – einen Ring. Seinen Ring.

Er hielt ihn hoch und erkannte die Inschrift auf der Innenseite, den Namen Gottes. Dann streifte er ihn ganz langsam auf seinen Finger.

Und auf einmal hatte er wieder feine Gewänder an und saß in einem kostbaren Stuhl in einem wunderschönen Palast, von Wachen umgeben. Beniah, sein persönlicher Wächter und Berater, stand an seiner rechten Seite. Zu seinem linken Fuß baute sich ein großer blauer Dämon auf – es war Asmodeus in Ketten, und er sprach:

„Nun, Eure Hoheit, wir warten! Beantwortet Ihr die Frage?"

Salomo war zu überwältigt, um zu sprechen. Dann schließlich sagte er, „Frage, welche Frage?"

„Ja nun, die Frage, die ich Euch vor fast einer Stunde gestellt habe."

„Eine Stunde? Das waren fast fünfzig Jahre …"

Beniah mischte sich ein. „Eure Hoheit, Ihr saßet eine Stunde still da, möchtet Ihr nun die Frage beantworten?"

„Die Frage. Ja, Asmodeus, bitte wiederhole deine Frage."

„Aber sicher, Eure Hoheit. Habt Ihr etwas über Illusion gelernt?"

Salomo sagte lange nichts, dann nickte er gedankenverloren. „Ja, das habe ich. Du kannst gehen."

Daraufhin lachte der Dämonenkönig ein letztes Mal und schrumpfte zusammen, bis er gerade so groß war wie ein Huhn. Er rutschte aus seinen Fesseln, flog dreimal um den Palast und schließlich aus einem Fenster über den Tempel hinweg, den Salomo hatte errichten lassen, und ward nie wieder gesehen.

Salomo regierte wieder über sein Königreich, aber er war ein anderer Mensch geworden. Von Arroganz und Größenwahn keine Spur mehr. Von diesem Tage an verfügte er über eine nie gekannte Weisheit, die Weisheit des Herzens. Er wusste, was es bedeutete, von allen geliebt zu werden, und er wusste, wie es war, einsam und verlassen zu sein, ohne auch nur einen einzigen Freund zu haben. Er kannte das Gefühl, alles zu besitzen, und wusste gleichzeitig, wie es war, nichts zu haben. Denn er war beides gewesen – ein Bettler und ein König.

Über die Geschichten

Die Herkunft folkloristischer Geschichten zurückzuverfolgen, ist ein schwieriges Unternehmen. Sie werden so oft erzählt, dass man sich am Ende fragt, wann und wo sie einmal ihren Ursprung hatten und wie diese ursprüngliche Form aussah. Auf den folgenden Seiten erzähle ich ein wenig von den Geschichten, die jedem Kapitel des Buches vorangehen. Ich versuche, etwas über ihre Herkunft zu schreiben, wenn diese denn bekannt ist, und darüber, wie ich ihnen das erste Mal begegnet bin.

Der Bettelkönig (Seite 8 und 198)
Ursprünglich stammt diese Geschichte aus dem Traktat Gittin des Babylonischen Talmud, und im Laufe der Zeit gab es einige Varianten dieser Geschichte. Die Legende von dem Wurm Schamir, der Steine schneiden konnte, ist wohl aus dem biblischen Gebot erwachsen, die heilige Bundeslade nicht mit Metall zu bauen. Diese Geschichte gibt es auch in muslimischen Ländern, wo Asmodeus der persische Asehma-Daeva ist, der Dämon Ashma. In dem Buch *Jewish Folktales* wird es von Pinhas Sadeh (Anchor Books, 1989) erzählt, und der Autor vermutet, dass die Geschichte eine metaphorische Wiederaufnahme des Umherwanderns von König David ist, der eine Zeit lang behauptete, verrückt zu sein.

Die verkürzte Form der Geschichte in diesem Buch ergab sich aus dem Zusammentragen verschiedener Texte und meiner persönlichen Note. Ich habe die Geschichte zum ersten Mal in Howard Schwartz' bahnbrechendem Werk über jüdische Folklore *Elijah's Violin and Other Jewish Fairy Tales* (Harper & Row, 1983) gelesen, und ich empfehle dieses Werk sowie das von Sadeh jedem, der eine vollständigere Version dieser und anderer Geschichten über Salomo und Asmodeus, den König der Dämonen, lesen möchte.

Das verlorene Pferd (Seite 16)
Diese Geschichte wird meist mit Lao Tzu in Verbindung gebracht, dem Autor des Tao Te Ching. Sie beinhaltet eine Kernaussage des Taoismus. Die Geschichte wurde von dem Poeten und Prinzen Liu An (179-122 v. Chr.) in dessen Buch Huai Nan Tzu weiter ausgebaut.

Auf meinen Reisen in Hongkong und China habe ich oft gehört, dass man auf diese Geschichte anspielte: Lief etwas schief, so sagten die Leute: *Sai weng shih ma* – Der alte Mann hat sein Pferd verloren. Das erste Mal hörte ich diese Geschichte im Mission District in San Francisco, und später gab es eine geschriebene Fassung von der Geschichtenerzählerin Ruth Stotter.

Die Grille, die zum Mond hüpfte (Seite 32)
Diese Geschichte geht auf die Erinnerungsschätzen meines Vaters zurück. Ich habe mich dazu auch von der burmesischen Volksgeschichte *The Musician of Tagaung* inspirieren lassen. Diese Geschichte handelt von einem Jungen, der davon träumte, eines Tages der beste Harfenspieler in Burma zu werden. Der Junge setzte seine ganze Energie ein, aber er hatte einfach nicht das Talent dazu; er brachte die Saiten zum Reißen und zerstörte so eine Harfe nach der anderen. Später, viele Jahre nach seinem Tod, fand man die kaputten Harfen und erfand Geschichten über das musikalische Talent des Jungen. Und so wurde er im Laufe der Zeit zum großartigen Harfenspieler.

Optimismus und Pessimismus (Seite 50)
Obwohl diese Geschichte ziemlich bekannt ist, war es eine wahre Herausforderung, ihren Ursprung nachzuverfolgen. Irgendwann einmal stieß ich in einem seltsamen, kleinen Buch inmitten der Riesenstapel der Main Library in San Francisco auf das, was man wohl als die älteste schriftliche Überlieferung der Geschichte bezeichnen kann. Das Buch an sich scheint schon eine Geschichte zu sein. Der Buchtitel war so seltsam, das es mir angebracht erscheint, ihn an dieser Stelle zu erwähnen:
Schelmische Geschichten der Tschechen

Zuerst erschienen unter dem Titel

Gesta Czechorum

Aus dem Tschechischen nach dem aus dem 15. Jahrhundert stammenden Manuskript des Frantisek Rehor aus Czaslau, vormals Kaplan im Dienste Siegmunds, des Königs von Böhmen und Ungarn und Römischen Kaisers, später Gewandmeister des Magnaten Bohdan Beverlik von Tynist, ins Englische übertragen von C. D. S. Feals, angepasst an die Bedürfnisse der amerikanischen Leserschaft von Norman Lockridge

The Candide Press, 1947.

Darin befindet sich eine Geschichte mit dem Titel *A Peasant Boy's Faith,* in welcher drei reiche Kinder versuchen, einem armen, aber ehrlichen Jungen übel mitzuspielen, indem sie Stallmist in dessen Weihnachtssocke füllen. Er glaubt daraufhin, dass er vom Nikolaus ein Pferd bekommen hat.

Ich kenne diese Geschichte schon lange, kann mich aber nicht mehr daran erinnern, wann ich sie zum ersten Mal gehört habe.

Das Schweigegelübde (S. 62)

Dies ist eine Variante einer beliebten Geschichte aus Finnland – auch in Norwegen und Irland hört man sie –, die den Titel *Zu viel Gerede* trägt. Sie handelt von drei Männern, die sich in ein entlegenes Tal am anderen Ende der Welt zurückziehen und dort ein Schweigegelübde ablegen. Nach sieben Jahren spricht einer von ihnen zum ersten Mal: „Ich habe eine Kuh muhen gehört." Die anderen beiden sind sichtlich verstimmt, sagen jedoch nichts. Weitere sieben Jahre später sagt der Zweite: „Das war keine Kuh, sondern ein Bulle!" Wieder sieben Jahre später äußert sich schließlich der Dritte: „Ich verlasse diesen Ort, hier ist einfach zu viel Gerede!"

Ich habe diese Geschichte zum ersten Mal gehört, als ich an der Universität Stanford studierte. Nick Burbules, ein Mitbewohner im Studentenwohnheim, erzählte sie mir damals.

Die Suche nach der Wahrheit (S. 80)

Seitdem mir Lenny diese Geschichte erzählt hat, habe ich vergeblich versucht, etwas über ihre Herkunft zu erfahren. Wohl habe ich eine geschriebene Fassung der Geschichte auftreiben können, aber deren Verfasser wissen auch nicht, woher sie stammt. Sie scheint also genauso schwer fassbar zu sein wie die Wahrheit selbst. Ich vermute ihren Ursprung in Indien, weil dieses Land darin genannt wird. Aber ich würde mich jedenfalls über jeden Hinweis zu dieser Geschichte freuen.

Der Grenzwächter (S. 94)

Wie viele der kürzeren Geschichten in diesem Buch wird auch diese mit dem Sufi-Mystiker Mullah Nasrudin in Verbindung gebracht. In seiner Version kommt anstelle eines Fahrrades ein Schubkarren voller Sand vor.

Ich kannte diese Geschichte schon lange, als Lenny sie mir erzählte. Mein österreichischer Freund Charlie Lenz, der an der Schweizer Grenze als Karatelehrer lebt, hatte sie mir erzählt.

Die Verabredung (S. 102)

Diese Geschichte gibt es in der Folkore des Mittleren Osten in verschiedenen Varianten, und von ihr leitet sich der Titel von John O'-Haras Roman *Treffpunkt Samarra* her. O'Hara hatte von dieser Geschichte durch William Somerset Maugham erfahren, der ebenfalls eine bekannte literarische Fassung davon schrieb, allerdings aus der Sicht des Todes.

Ich kannte die Geschichte schon, bevor Lenny sie mir erzählte. Ich hatte sie zuerst 1989 von Dr. August Zemo gehört, dem Rektor der Schule in Thalwil in der Schweiz, wo ich kurze Zeit als Geschichtenerzähler angestellt war.

Die Weisheiten von Chelm (S. 120)

In diesem Buch stehen nur einige wenige Geschichten über das sagenumwobene jüdische Narrendorf. Es gibt im heutigen Polen tatsächlich eine Stadt namens Chelm, ca. vierzig Meilen östlich von

Lublin. In Chelm lebten einst wirkliche einige Juden, aber weshalb die Stadt mit Narren in Verbindung gebracht wurde, ist unbekannt.

Viele Geschichten aus Chelm sind auch aus anderen Narrendörfern bekannt, so zum Beispiel aus Gotham in England, Mols in Dänemark, Schilda in Deutschland und Kampen in Holland. Nachdem ich von meiner Mutter hin und wieder auf Chelm aufmerksam gemacht wurde, fand ich erst im Religionsunterricht durch meine Lehrerin Bertha Molatsky und durch den Bibliothekar der Temple City Library Näheres darüber heraus. Als sie sah, dass ich mich zu Tode langweilte, schickte sie mich zu ihm, um *Zlateh die Geiß* von Isaac Bashevis Singer zu lesen, und dafür werde ich ihr mein Leben lang dankbar sein.

Verborgene Schätze (S. 130)
Das ist meine persönliche Variante einer jüdischen Geschichte, die man mit Rabbi Nachman von Bratzlav in Verbindung bringt. Eine ähnliche Geschichte gibt es in England unter dem Titel *The Peddler of Swaffham*, in welcher ein armer Hausierer einen Kirschbaum vor seinem Haus stehen hat und von einer Brücke in London träumt. Er macht sich auf den Weg dorthin, findet nichts, erfährt aber durch den Traum eines Wächters, dass der Schatz, den er sucht, sich genau unter seinem Kirschbaum befindet.

All diese Geschichten beinhalten eine Kernaussage der Folklore: Man soll nach Hause zurückkehren, um zu entdecken, was einem zuvor entgangen ist. Ich habe diese Geschichte zum ersten Mal von meinem Vater gehört.

Die Erdbeere (S. 146)
Diese Geschichte wird mit Buddha in Verbindung gebracht und ist eine klassische Zen-Geschichte, sehr kurz und mit einem Ende, das für westliche Gemüter meist zu offen ist. Diese Erzählungen sind dazu da, das Herz und den Geist des Zuhörers zu öffnen.

Ich las sie zum ersten Mal in Paul Reps Buch *Zen Flesh – Zen Bones: A Collection of Zen and Pre-zen Writings* (Anchor Books, 1989).

Hershels letztes Lachen (S. 160)
Das ist sozusagen ein literarischer Cousin von Mullah Nasrudin.
Hershel von Ostropol hat wirklich gelebt, obwohl viele der Geschichten über ihn zweifelsohne nicht wahr sind. Er war wohl eine
Art früher Komiker und diente Rabbi Baruch von Miedzyborz, En-
kel des großartigen Geschichtenerzählers Rabbi Israel, des Baal
Shem Tov, als offizieller Hofnarr. Angeblich fehlte Rabbi Baruch die
Weisheit, mit der sein Großvater so reich beschenkt worden war,
und um von seinen vielen Fehlern abzulenken, hatte er Hershel eingestellt. Das stellte sich als großer Fehler heraus, denn Hershel
machte Rabbi Baruch zum Opfer all seiner Witze.

Genau wie bei den Chelm-Geschichten erfuhr ich auch von Hershel durch meine Mutter.

Das Hemd des glücklichen Mannes (S. 168)
Diese Geschichte, die ursprünglich aus dem griechischen Werk
„Pseudo-Kallisthenes" stammt und dort auf Alexander den Großen
bezogen war, war im Mittelalter sehr beliebt. Es gibt viele Varianten
dieser Geschichte, darunter eine jüdische aus Afghanistan und eine
dänische, die Hans Christian Andersen als Grundlage für die Geschichte *Die Galoschen des Glücks* benutzt haben.

Die Variante in diesem Buch setzt sich aus verschiedenen Geschichten zusammen, unter anderem der, die im Jahre 1912 in Italien (in der Fassung der Hausfrau Orsola Minon) aufgeschrieben
und dann in Italo Calvinos Buch *Fiabe italiane* aufgenommen wurde.
Ich las über die Hintergründe dieser Geschichte in dem Buch *Wis-
dom Tales From Around the World* von Heather Forest (August House,
1996).

Der Fuchs im Garten (S. 180)
Von dieser Geschichte gibt es zahlreiche Varianten, darunter eine
aus den Fabeln Äsops und eine von den Gebrüdern Grimm (in welcher ein Wolf in einer Räucherkammer so viel frisst, dass er nicht
mehr durch das Loch passt, durch welches er in die Kammer gelangt
war). Andere Varianten wurden auf Hawaii, in Italien und in Afrika

gefunden. Die doppelte Bürde, die dem Fuchs in dieser Geschichte auferlegt wird, dass er nämlich fasten muss, um in den Garten zu gelangen, und dann noch einmal, um wieder herauszukommen, scheint besonders gut zum Judentum zu passen. Ich hörte diese Geschichte zum ersten Mal zur Beerdigung meines Vaters von Rabbi Frank Ackerman.

Das Geheimnis des Glücks (S. 192)
Nasrudin, zweifelsohne der bekannteste Schlawiner der Welt, ist in der Folklore des Mittleren Ostens, Nordafrikas, Indiens und Chinas bekannt. Er hat viele Namen, so zum Beispiel Hodja, Hoca, Khaji, Jocha oder einfach Mullah, was aus dem Persischen stammt und Lehrer bedeutet. Obwohl diese Geschichten meist weltlich sind, werden sie oft von den Sufis, der mythischen Sekte des Islam, erzählt.

Viele Länder wollen ihn hervorgebracht haben, aber tatsächlich scheint er in der Türkei ungefähr im Jahre 1208 geboren worden zu sein. Die Legende besagt, dass er dort in einem Grab beigesetzt worden ist, das durch große Schlösser geschützt wird, aber nicht umzäunt ist.

Ich habe *Das Geheimnis des Glücks* zum ersten Mal von Elisheva Pollus, einer Puppenspielerin und Geschichtenerzählerin in San Francisco, gehört.

Danksagung

Ich wollte dieses Buch zunächst für mich ganz alleine schreiben. Aber das war vollkommen falsch. Nur durch die Hilfe vieler talentierter und großzügiger Menschen konnte ich meine Geschichte erzählen. Ich bin folgenden Menschen zu tiefer Dankbarkeit verpflichtet: Jane Anne Straw; Rand Pallock; Rich Fettke; Jeerz und Loreli Sontag; Mark Pinsky und Jennifer Paget; Rob Saper; Andrew Hasse; Zahava Sherez; Susan Helmrich; Frances Dinkelspiel; Josephine Coatsworth; Mary Mackay; Chris Ritter; Brett Weinstein, Rick Goldsmith, Dave Fariello, und David Hershcopf; Ruth Halpern; Sharon und Peter Leyden; Mark Berger; Miriam Attia; Kellz Miller und Ranu Pandey; Rachel und David Biale; Sid Ganis und Nancy Hult Ganis; Adrianne Bank; meiner Cousine Cindy Wedel; meiner Tante Norma Glad; und Rabbi Jack Riemer, der mir großzügigerweise erlaubt hat, seine Geschichte zu drucken. Auch möchte ich mich beim Green Gulch Farm Zen Center dafür bedanken, dass man mich dort jederzeit willkommen geheißen hat, wenn ich einen ruhigen und friedlichen Ort zum Schreiben benötigte.

Sowohl Hochschullehrer als auch Geschichtenerzähler haben viel dazu beigetragen, den Anhang „Über die Geschichten" zusammenzutragen, ich bedanke mich herzlichst bei den Professoren Alan Dundes von der University of California, Berkeley, und Elliott Oring von der California State University, Los Angeles. Auch möchte ich mich bei Ruth Stotter, Pleasant DeSpain, Heather Forest und Howard Schwartz sowie beim Bibliothekar der Berkeley Public Library für die Hilfe bei der Suche nach der Herkunft der Geschichten bedanken.

Ich bin meiner Agentin, Barbara Lowenstein, sehr dankbar, die dieses Buch, das in meiner Geschichte verankert ist, als Erste las. Sie gab es an Dorian Karchmar weiter, deren Weisheit und Mitgefühl mich stark berührt haben.

Im Algonquin-Verlag haben alle dieses Buch mit offenen Armen empfangen: Meine Verlegerinnen, Elisabeth Scharlatt und Ina Stern, halfen mir weiter, wenn es notwendig war, und meine Lektorin Antonia Fusco übernahm die fürchterliche Aufgabe, diesem Autor bei seinem Debüt nahe zu legen, welche Textpassagen besser ausgelassen werden sollten und welche nicht. Diese Herausforderung hat sie mit Weitblick, Ausdauer und einem guten Urteilsvermögen bewältigt.

Manche Menschen haben mich mit etwas beschenkt, das ich an dieser Stelle erwähnen möchte: meine Eltern, die mir die Liebe zu den Geschichten gegeben haben, meine Kinder, die mich für diese Geschichte ständig inspiriert haben, und meine Schwägerinnen, Hezi und Ruthie, mit ihrer Solidarität und ihrem Glauben an mich. Ich bin besonders meinem Freund und Schrifstellerkollegen Jeff Lee zu Dank verpflichtet, der mir Ratschläge und Hilfe gab, die mich vorwärts brachten. Und schließlich möchte ich mich bei Taly bedanken, die wirklich voller Wagemut ist und mir nicht nur zur Seite stand, als sich diese Geschichte ereignete, sondern auch, als ich sie niederschrieb. Sie gab mir grenzenlose Liebe und Unterstützung und beriet mich beim Schreiben, und dafür bin ich ihr zutiefst dankbar.